MÉFIEZ-VOUS DES ABEILLES !

Biographie

R. L. Stine est né en 1943 à Colombus aux États-Unis. À ses débuts, il écrit des livres interactifs et des livres d'humour. Puis il devient l'auteur préféré des adolescents avec ses livres à suspens. Il reçoit plus de 400 lettres par semaine ! Il faut dire que pour les distraire, il n'hésite pas à écrire des histoires plus fantastiques les unes que les autres. R. L. Stine habite New York avec son épouse Jane et leur fils de douze ans, Matt.

ILLUSTRATION DE COUVERTURE
GÉRARD FAILLY

COLLECTION PASSION DE LIRE

R. L. Stine / Série Chair de poule

MÉFIEZ-VOUS DES ABEILLES !

TRADUIT DE L'AMÉRICAIN
PAR MARIE-HÉLÈNE DELVAL

Troisième édition

Titre original
GOOSEBUMPS n° 17
Why I'm afraid of bees

Loi n° 49 956 du 16 juillet 1949
sur les publications destinées à la jeunesse
Dépôt légal : mars 1995

ISBN : 2 227 729 376

Avertissement !

Que tu aimes déjà les livres ou que tu les découvres,
si tu as envie d'avoir peur, **Chair de poule** est pour toi.

Attention, lecteur !

Tu vas pénétrer dans un monde étrange
où le mystère et l'angoisse te donnent rendez-vous
pour te faire frissonner de peur... et de plaisir !

1

Si vous avez peur des abeilles, autant vous prévenir tout de suite : cette histoire en est pleine !

Moi, jusqu'à très récemment, j'en avais une peur bleue.

Je m'appelle Gregory Dunoy, et cette histoire a commencé un après-midi de juillet. J'étais tranquillement installé dans mon jardin, sous le gros érable, avec une pile de bandes dessinées. Par un après-midi d'été comme celui-là, chaud et lourd, il y en a qui auraient préféré aller à la piscine avec des copains. Pas moi. À vrai dire, à l'époque, je n'avais pas beaucoup de copains et même ma jeune sœur ne m'aimait pas beaucoup. Ma vie n'était pas très drôle. Je me demandais tout le temps : « Mais qu'est-ce que j'ai de bizarre ? Pourquoi les autres se moquent-ils toujours de moi ? Pourquoi me donnent-ils des surnoms ridicules du genre Grégo-le-Zéro ? C'est ma tête qui ne leur revient pas ? »

Pourtant lorsque je me regardais dans le miroir de la salle de bains, je ne voyais qu'un long visage maigre, un nez ordinaire, des yeux clairs et des cheveux blonds et raides. Un visage ni beau, ni laid.

Bzzzzzz...

Ce bruit terrifiant m'arracha à mes tristes pensées. Un bourdonnement ! C'était un bourdonnement d'abeille !

Je m'assis brusquement et regardai autour de moi. Je ne vis d'insecte nulle part, et cependant le bourdonnement persistait. « Ça y est, me dis-je, c'est encore les sales bestioles de monsieur Anvers ! Il va me gâcher la journée, une fois de plus ! »

Bzzzzzz...

Encore ce bruit insupportable !

Je me mis à plat ventre pour scruter à travers la haie le jardin du voisin.

Et voilà, j'en étais sûr ! Monsieur Anvers était encore en train de s'activer autour de ses ruches ! Comment pouvait-il passer autant de temps avec ces satanées bestioles sans se faire piquer ? Moi, ça me mettait les nerfs en pelote !

Je me redressai et avançai prudemment sur les genoux de façon à le surveiller sans qu'il me voie. La dernière fois qu'il m'avait surpris à l'observer, il avait fait toute une histoire. À l'entendre, on aurait cru qu'il y a des lois pour interdire aux gens de s'asseoir dans leur propre jardin ! « Qu'est-ce que ça veut dire ? avait-il aboyé. Aurait-on créé un comité de surveillance sans m'en avertir ? Est-ce que les

Services secrets recrutent des espions de dix ans, maintenant ? »

Cette dernière remarque m'avait particulièrement blessé, car monsieur Anvers savait parfaitement que j'avais douze ans.

Autant l'avouer tout de suite, à cette époque, j'avais peur de pas mal de choses : des chiens, du noir, des bruits violents. J'avais peur de nager dans des lacs ou dans la mer. J'avais même peur de cette sale bête de Grisbi, le chat de ma sœur. Mais par-dessus tout j'avais peur des abeilles, ce qui n'est vraiment pas de chance quand on a pour voisin un passionné d'apiculture !

Brusquement, je sursautai : Grisbi venait de surgir sans bruit à côté de moi. Je sifflai entre mes dents :

– Toi, fiche-moi la paix, tu veux !

Grisbi arrondit le dos et vint se frotter contre ma jambe. Puis, méchamment, il me planta ses griffes dans la peau.

– Aïe ! criai-je, en lui lançant un coup de pied. Fiche le camp, sale bête !

Je n'arrivais pas à comprendre que Véro puisse être attachée à ce point à cette créature. Ma sœur prétendait que son chat me sautait dessus parce qu'il m'aimait. Peut-être ; mais, moi, je ne l'aimais pas !

Je réussis finalement à me débarrasser de Grisbi et me réinstallai à mon poste d'observation. J'avais peur des abeilles, mais, curieusement, elles me fascinaient. Je ne pouvais pas m'empêcher de guetter monsieur Anvers. Heureusement, il gardait ses

ruches dans une sorte d'enclos finement grillagé, derrière son garage, cela me rassurait un peu.
Monsieur Anvers portait son vêtement de travail habituel qui le faisait ressembler à un extraterrestre échappé d'un film d'épouvante : une sorte de combinaison blanche et un chapeau avec un voile protégeant le visage. Des ficelles fermaient étroitement la combinaison aux poignets et aux chevilles. Je remarquai une fois de plus qu'il ne portait pas de gants. Il s'en était vanté un jour devant mon père. J'étais là aussi, mais monsieur Anvers avait fait comme si je n'existais pas : « Voyez-vous, Dunoy, les apiculteurs amateurs protègent leurs mains avec des gants. Les plus courageux portent des sortes de mitaines qui laissent les doigts libres, pour une meilleure précision. Mais un véritable apiculteur, tel que moi, travaille à mains nues. Mes abeilles ont confiance en moi. Les abeilles sont beaucoup plus intelligentes qu'on l'imagine, vous savez ! »
« Tu parles, ricanai-je en moi-même. Si elles sont si intelligentes, tes abeilles, pourquoi reviennent-elles bêtement dans tes ruches ? Pour te laisser leur voler leur miel, peut-être ? »
Bzzzzzz...
Le bourdonnement qui s'élevait des ruches s'amplifiait, menaçant. Je me levai, m'approchai de la haie qui sépare nos deux jardins pour voir ce qui se passait. Alors je poussai un cri : le vêtement blanc de monsieur Anvers n'était plus blanc, il était noir ! Monsieur Anvers était totalement recouvert

d'abeilles ! Elles venaient se poser sur lui, rampant sur ses bras, sa poitrine, sa tête. Son chapeau et son voile remuaient comme s'ils étaient vivants. Il ne craignait donc pas tous ces dards qui pouvaient s'enfoncer dans sa peau ?

J'étais là, debout contre la haie, quand monsieur Anvers me cria soudain :

– Gregory, va-t'en !

– Hein ?

Je restai immobile, comme paralysé.

– Les abeilles ! hurla monsieur Anvers. Elles sont devenues folles ! Cours ! Va te mettre à l'abri !

2

Jamais je n'ai couru aussi vite de ma vie !

Je traversai la cour en trois enjambées. Je franchis d'un bond les marches du perron, j'ouvris la porte à la volée et m'engouffrai dans la cuisine. Appuyé contre la table, je tentai de reprendre mon souffle. En tendant l'oreille, je percevais encore le ronflement de colère des abeilles dans le jardin d'à côté. Mais j'entendis également un autre son :

– Ha, ha, ha, ha !

Un rire. Un rire qui ressemblait fort au rire de monsieur Anvers !

Prudemment, j'entrouvris la porte. Le voisin était en bas des marches. Il avait retiré son chapeau et son voile et il souriait jusqu'aux oreilles :

– Ha, ha, ha ! Si tu avais vu ta tête, mon pauvre Gregory ! Et comment tu t'es mis à galoper ! Tu ne peux pas savoir comme tu étais drôle !

Je le regardai fixement :
– Mais... vos abeilles, elles ne vous ont pas attaqué ?
Monsieur Anvers s'envoya une grande claque sur la cuisse :
– Bien sûr que non ! Je contrôle toujours parfaitement mes petites bêtes.
Il s'essuya le front d'un revers de main.
– Bien sûr, expliqua-t-il, je dois parfois récupérer quelques égarées avec mon filet. Mais elles savent toutes que mes ruches sont les meilleurs logis qu'elles puissent trouver !
– Alors, c'était une blague ? Vous pensiez peut-être que j'allais trouver ça drôle ?
J'aurais voulu prendre une voix irritée, mais c'est difficile quand on tremble encore comme une feuille.
– J'espère que ça te servira de leçon, répliqua sèchement monsieur Anvers, et que tu cesseras enfin de m'espionner à longueur de journée !
Il tourna les talons et rentra chez lui.
J'étais dans une rage noire. Quel méchant tour il m'avait joué ! Comme si les moqueries des gosses de mon âge ne me suffisaient pas !
J'abattis violemment mon poing sur la table de la cuisine, juste au moment où ma mère entrait.
– Hé là, Greg, s'exclama-t-elle, ne casse pas le matériel, par pitié ! Je venais me faire un petit goûter. Tu en veux un ?
– Je veux bien, marmonnai-je en m'asseyant devant la table.
– Beurre et confiture de fraise, comme d'habitude ?

J'approuvai de la tête. La confiture de fraise a toujours été ma préférée. Maman fouillait dans le placard :

– Ah, tiens, je crois bien qu'il n'y a plus de confiture de fraise. Il va falloir se contenter de ça, ajouta-t-elle en brandissant un petit pot de verre.

– Qu'est-ce que c'est ? demandai-je.

– Du miel.

– Du miel ? hurlai-je. Je déteste le miel !

Un peu plus tard, comme je ne savais pas trop quoi faire, je décidai de me balader du côté du terrain de jeux. En passant près des balançoires, j'aperçus une bande de garçons et de filles de mon école qui se préparaient pour une partie de volley-ball. Je les rejoignis. Peut-être – qui sait ? – peut-être me laisseraient-ils jouer ?

Un garçon nommé Louis disait :

– Gaël et moi, on choisit nos équipes, d'accord ?

J'arrivais au bon moment. Je m'approchai et m'appuyai à la barrière. Un par un, Louis et Gaël se répartissaient les joueurs. Tous furent appelés, sauf un, évidemment. Moi.

Je restais seul, accoudé à la barrière. Je haussai les épaules et m'apprêtai à m'en aller quand Louis et Gaël se mirent à discuter à mon sujet.

– Prends-le, Gaël, disait Louis.

– Prends-le toi-même !

– Pas question, répliqua Louis. Je ne veux pas d'un zéro dans mon équipe !

Je rougis si fort que les joues me brûlaient. J'aurais

voulu m'en aller, mais j'avais trop peur de les entendre s'écrier « bon débarras ! » ou quelque chose comme ça.
Finalement, Gaël soupira :
– Oh, bon, d'accord, je le prends. Mais souvenez-vous de la règle spéciale « Grégo-le-Zéro » : on ne lui passe pas le ballon !
Il y eut un grand éclat de rire. Alors, sans me retourner, serrant les dents de honte et de colère, je quittai le terrain de jeux. Je n'avais plus qu'une envie, retrouver la paix et la solitude de ma chambre.
Comme je tournai le coin de la rue, j'entendis une voix rigolarde :
– Hé, les gars, regardez qui arrive !
– Punaise, renchérit une autre voix, mais c'est notre Grégo-le-Zéro !
– En voilà une chance, les gars ! ricana une troisième voix.
Je ne sais pas qui avait de la chance, mais ce n'était certainement pas moi.
Les voix appartenaient aux trois plus redoutables voyous du quartier, Ted, Jack et Freddy. Nous sommes du même âge, mais ils sont presque deux fois plus grands et plus larges que moi. De vrais gorilles ! Je les aurais très bien vus couverts de poils, leurs longs bras traînant sur le trottoir. Et quand ils en avaient assez de se balancer dans leur cage à singes, leur jeu favori, évidemment, était de me casser la figure.
J'essayai de passer mon chemin.

– Lâchez-moi les baskets, les gars, murmurai-je, j'ai eu une sale journée.
– Tu veux qu'on arrange ça, Zéro ? gloussa Ted. Tiens, c'est un cadeau de la maison !
J'eus à peine le temps de fermer les yeux qu'un énorme poing s'abattait sur mon nez.

Dix minutes plus tard, je me glissai enfin péniblement par la porte arrière de la maison. Par chance, maman était en haut. Elle ne verrait pas mon nez sanguinolent ni ma chemise déchirée, et elle ne menacerait pas de téléphoner sur-le-champ aux parents des trois terreurs. Si jamais elle faisait ça, la prochaine fois ils me tueraient carrément !

Je montais l'escalier quand Grisbi trouva bon de passer à l'attaque. J'étais dans un tel état de nerfs que je faillis tomber à la renverse.

– Fiche le camp, espèce de babouin ! grondai-je.

Repoussant l'animal d'un coup de pied, je courus m'enfermer dans la salle de bains.

L'image que me renvoya la glace faillit me donner la nausée : j'étais bon pour jouer les figurants dans *La poupée sanglante* ! Je tamponnai mon nez à l'eau froide, je nettoyai soigneusement toutes les traces de sang. Puis, comme je venais d'entendre maman redescendre, j'en profitai pour quitter discrètement les lieux et titubai jusqu'à ma chambre.

J'enlevai ma chemise déchirée et la fourrai en boule derrière mon lit. J'en enfilai une autre, puis je rejoignis maman et Véro à la cuisine.

Maman venait de brancher le mixeur et posait des œufs sur la table. Ma sœur nouait un grand tablier autour de sa taille, et comme d'habitude, Grisbi se frottait à ses jambes en ronronnant. Avec elle, il avait tout du chaton innocent. Pourquoi se comportait-il avec moi comme une bête sauvage ?

– Greg, mon chéri, proposa maman, tu veux nous aider à faire un clafoutis ?

Je déclinai la proposition :

– Non, merci. Mais je veux bien vous aider à lécher le plat tout à l'heure.

– En attendant, reprit maman, tu peux peut-être sortir le bocal de cerises qui est en haut du placard ? J'essaie une nouvelle recette et je crois que ça va être bon.

– Sûrement, approuvai-je, du moment que tu n'y ajoutes pas du miel.

J'ouvris le placard et en sortis le bocal. Je tentai de dévisser le couvercle, mais il résistait. Je tournai de toutes mes forces, rien à faire. Je coinçai le bocal contre le rebord de la table pour avoir une meilleure prise. Aucun résultat.

– Tu n'aurais pas une grande pince ou quelque chose ? demandai-je. Je n'arrive pas à ouvrir ce truc.

– En faisant couler de l'eau chaude dessus, peut-être ? suggéra maman.
– Oh ! la la ! donne-moi ça, lança Véro avec un petit reniflement dédaigneux.
Elle traversa la pièce, m'enleva le bocal des mains et rien qu'avec deux doigts, elle dévissa le couvercle. Elle éclata de rire en renversant la tête en arrière et maman en fit autant. Eh oui, ma propre mère riait de moi !
– Tu n'as pas mangé assez d'épinards, ces jours-ci, fit-elle, moqueuse.
– Je m'en vais, grommelai-je. Et je ne reviendrai jamais.
Mais elles riaient de si bon cœur qu'elles ne m'ont sûrement pas entendu.
Je sortis en claquant la porte. Malheureux comme les pierres, je décidai d'aller faire un tour en vélo pour me changer les idées.
Mon vélo était tout neuf, bleu, avec changement de vitesses, un chouette beau vélo. C'était papa qui me l'avait offert pour mon anniversaire. Je sautai dessus et pédalai vers le haut de la rue. Arrivé au tournant, j'aperçus deux filles qui marchaient vers moi en bavardant. « Waouh ! pensai-je, voilà Kathy et Lisa ! »
Ce sont des filles de mon école. Elles sont vraiment jolies toutes les deux, et plutôt sympa. Je dois avouer que j'ai un faible pour Kathy. À la fête de l'école, elle m'a souri plusieurs fois. Enfin, je crois que c'est bien à moi qu'elle souriait. Aussi, quand j'ai vu ces

deux filles qui venaient vers moi, j'ai vraiment eu envie de me montrer sous mon meilleur jour.
Je tournai ma casquette pour mettre la visière dans le cou. Puis je croisai les bras sur ma poitrine et continuai de pédaler d'un air décontracté. Arrivé à leur hauteur, je leur lançai mon sourire le plus séducteur.
Je sentis alors un choc dans ma basket gauche : mon lacet défait venait de se prendre dans la chaîne. Mon vélo se cabra, se mit à zigzaguer dangereusement.
– Gregory, cria Kathy, attention ! Une voiture !

4

Craaac !

Percutant un lampadaire, je culbutai sur le trottoir, dans un affreux crissement de métal tordu. Je pris violemment contact avec le sol, le nez dans une flaque tiède et visqueuse, laissée par un orage récent. La voiture me dépassa dans un rugissement de moteur.

Je me relevai péniblement en essuyant la boue qui maculait mon visage. Comme séducteur, je ne faisais décidément pas le poids. Ma triste situation aurait pu m'attirer au moins quelque sympathie. Même pas ! Mes oreilles résonnaient encore du grand éclat de rire qui avait accompagné ma chute.

– Il faut mettre des petites roulettes à son vélo, tu sais, quand on ne sait pas encore bien en faire ! me lança Kathy.

Je ne m'étais jamais senti aussi humilié de ma vie. Si seulement j'avais pu prendrc racine dans cette flaque de boue et me transformer en arbre ! On ne se moque pas d'un arbre. Oui, sérieusement, à ce moment précis, j'aurais voulu être un arbre. Ou un oiseau. Ou une punaise. N'importe quoi qui ne soit pas moi.

Ruminant ces tristes pensées, je relevai mon vélo tordu, décidé à disparaître du lieu de mes exploits avant que quelqu'un d'autre ne passe par là. Heureusement, je n'avais pas à le traîner bien loin.

Pour la deuxième fois dans la même journée, je me faufilai dans la maison aussi discrètement que possible et me précipitai dans la salle de bains pour nettoyer les dégâts. Mon reflet dans le miroir me révéla que cette fois, j'aurais du mal à dissimuler à maman mes bleus et mes écorchures.

– Oh ! et puis qu'est-ce que ça peut faire, grommelai-je en lavant mes mains et mon visage boueux. Ça lui donnera encore une bonne raison de rire de moi, et voilà tout.

Je retournai dans ma chambre, enfilai ma dernière chemise propre et tâchai de trouver quelque chose pour m'occuper. Finalement, je branchai mon ordinateur.

Jouer avec mon ordinateur est l'une des rares activités qui me procurent un réel plaisir. Quand je suis embarqué dans l'univers d'un jeu vidéo, j'arrive à oublier que je suis ce raté qu'on surnomme Grégo-le-Zéro.

Je décidai d'affronter une nouvelle fois les maléfices de la planète Monstro, qui me tenaient en échec depuis deux jours.

Monstro, ça c'est un jeu ! On y est un personnage appelé le Guerrier, prisonnier de la planète, et il faut se sortir d'un tas de situations impossibles.

Mais avant de commencer une nouvelle partie, je voulus jeter un coup d'œil sur la « boîte aux lettres ». C'est un service très pratique qui permet de communiquer avec d'autres joueurs et d'échanger des astuces. J'avais laissé un message la veille, demandant si quelqu'un pouvait m'indiquer un moyen de vaincre le dragon à deux têtes qui me dévorait régulièrement quand je débarquais sur la troisième lune.

Quand je fus connecté, je lus sur l'écran les messages suivants :

« Pour Martin, à Houston. As-tu essayé les feuilles d'eucalyptus pour te sortir de la Forêt des Pluies ? C'est un contre-poison très efficace quand on a été mordu par les fourmis venimeuses. De Dora, Harmond. »

« Pour Mic, à Los Angeles. Le seul moyen d'échapper au naufrage de ton vaisseau spatial, dans la Conquête de l'Espace 20, c'est de gonfler d'oxygène ta combinaison et de te laisser flotter. De Steve, Dallas. »

« Pour Gregory, à Dumpstone. Frappe le dragon entre les yeux, sur les deux têtes en même temps. Pour moi, ça a marché. De Jennifer, Watermill. »

– Merci du conseil, marmonnai-je.

J'avais essayé au moins trois cents fois de frapper le dragon entre les yeux. Mais j'avais été dévoré avant même d'avoir pu lever mon épée !

Comment s'y prenait-elle donc, cette Jennifer de Watermill ?
Je décidai de laisser un nouveau message à cette Jennifer pour avoir un peu plus de détails, mais je remarquai alors le début d'une annonce, tout en bas de l'écran. Je la lus. Puis je la relus attentivement :
« PRENEZ CONGÉ DE VOUS-MÊME.
Échangez votre personnalité avec quelqu'un pour la durée de votre choix. »

5

Qu'est-ce que ça voulait dire ?
J'appuyai sur la touche SUITE. Il me fallait absolument en savoir plus sur cet étrange message. Voici ce que je lus :
« PRENEZ CONGÉ DE VOUS-MÊME.
Échangez votre personnalité avec quelqu'un pour la durée de votre choix.
ÉCHANGE DE PERSONNE À PERSONNE,
113, RUE DES ROCHERS »
Suivait un numéro de téléphone.
« Comment un truc pareil peut-il fonctionner ? me demandai-je. Comment peut-on échanger sa personnalité avec celle d'un inconnu sans s'attirer toutes sortes de problèmes ? »
Ça paraissait complètement fou.
Fou, peut-être. Mais intéressant.
D'un geste machinal, je me grattai vigoureusement la tête. Aïe ! J'avais oublié les plaies et les bosses que

m'avait laissées la rencontre avec les trois gorilles ! Mais l'élancement douloureux venait de me décider : j'étais prêt à faire n'importe quoi pour changer de vie. « Je ne vais tout de même pas passer le reste de mes jours à me faire tabasser régulièrement, à m'écraser contre les lampadaires et à jouer les laissés-pour-compte dans les parties de volley », me dis-je.

Je pris un bout de papier et notai soigneusement l'adresse inscrite sur l'écran.

Je réalisai soudain que ce n'était qu'à quelques rues de chez moi. Je n'aurais qu'à passer au bureau dès le lendemain pour demander un peu plus d'informations. Qu'est-ce que je risquais ?

D'avoir pris cette décision m'avait remonté le moral. Je me sentais beaucoup mieux. Mais cela ne dura pas.

À l'heure du dîner, j'étais à peine assis à table que mon père remarquait mon visage tuméfié.

– Greg, s'exclama-t-il, qu'as-tu fait pour te mettre dans un état pareil ?

– Euh... je... j'ai eu un petit accident de... vélo.

J'hésitai sur le mot « vélo » en pensant à l'espèce d'épave abandonnée dans un coin du garage.

– Je ne te crois pas, intervint maman. Tu as encore eu une bagarre avec ces trois voyous qui hantent le quartier ! Pourquoi, bon sang ! ne pouvez-vous régler vos différends sans vous cogner dessus ?

Véro faillit s'étrangler de rire :

– Greg n'a pas de « différends », comme tu dis, avec

ces types. Ça les amuse de lui cogner dessus, c'est tout !

Ma mère secoua la tête d'un air furieux :

– Alors ça, c'est tout simplement insupportable, gronda-t-elle. J'ai bien envie de passer un coup de fil à leurs parents pour leur dire ce que j'en pense !

– Mais je viens de vous expliquer que j'ai eu un accident de vélo, criai-je. Si vous ne me croyez pas, vous n'avez qu'à vérifier dans le garage !

Cette fois, mon père me crut. Il se lança aussitôt dans une conférence sur les règles de sécurité à bicyclette, et que j'aurais dû porter mon casque, et que je paierai les réparations avec mon argent de poche, et que...

Je ne l'écoutais pas. Tout en mangeant machinalement, je réfléchissais à ma prochaine visite le lendemain auprès du bureau d'Échange de Personne à Personne. J'étais définitivement décidé à changer de vie. « Le plus tôt sera le mieux, me disais-je. Inutile d'attendre. »

Le dîner fini, je remontai dans ma chambre pour me remettre à mon ordinateur et je passai le reste de la soirée sur la planète Monstro.

Je tentai encore de frapper le dragon entre les yeux, selon les conseils de Jennifer de Watermill, mais je me fis dévorer quarante-trois fois sans y parvenir. Dégoûté, j'abandonnai et me couchai. Je me sentais vidé. Je tirai la couette sous mon menton, me roulai en boule et m'apprêtai à sombrer dans le sommeil quand mon pied droit toucha quelque chose de mou. Mon cœur se mit à battre à grands coups.

– Hé ! criai-je, qu'est-ce que c'est ?

Prudemment, j'allongeai à nouveau mes orteils.

– Ooooh !

Je bondis hors de mon lit en poussant un hurlement.

Je tirai brusquement la couette.

Dans la vague lueur qui filtrait entre les volets, je vis un rat, un gros rat gris et luisant qui me fixait de ses yeux rouges. Je poussai un second cri.

Alors j'entendis un rire derrière la porte, le rire de ma sœur Véro.

« Oh ! non », pensai-je, écœuré.

J'allumai la lampe. Il y avait bien un rat dans mon lit. Mais ce n'était qu'un rat de caoutchouc gris, le jouet favori de Grisbi.

J'entendais ma sœur s'étouffer de rire dans le couloir. Je lui criai :

– Toi, un de ces jours, ça va être ta fête, espèce de sale mioche !

J'avais envie d'ouvrir la porte et de lui flanquer une raclée. Mais je me retins.

Ma sœur n'a beau avoir que neuf ans, elle est plutôt du genre costaud. Elle risquait fort d'avoir le dessus dans la bagarre, et elle le savait, la petite peste.

Retenant un sanglot de colère, j'attrapai le rat pour l'envoyer valdinguer à l'autre bout de la chambre. Le cœur battant encore à tout rompre, je tirai ma couette sur moi et éteignis la lumière.

« Demain, me promis-je, les yeux grands ouverts dans l'obscurité, demain, Grégo-le-Zéro, tu vas devenir quelqu'un d'autre. Même si cela comporte des risques, ça vaudra mieux que de traîner cette vie de nul. »

Le lendemain, je tins ma promesse. Tout de suite après le petit déjeuner, je me rendis au 113 de la rue des Rochers.

Je m'attendais à voir un immeuble moderne, genre verre et acier. Je ne découvris qu'un modeste bâtiment gris qui évoquait plutôt un cabinet dentaire. Une plaque à l'entrée indiquait :

ÉCHANGE DE PERSONNE À PERSONNE

Premier étage.

Je poussai la porte et montai les escaliers quatre à quatre. Arrivé en haut, je poussai une autre porte et pénétrai dans une espèce de salle d'attente moquettée de beige et meublée de fauteuils de cuir. Une femme brune était assise derrière une cloison vitrée. Elle me sourit en me voyant entrer, et je me dirigeai tout de suite vers elle.

– Bonjour, dit-elle dans son microphone.

Je sursautai. Bien que la femme soit juste en face de moi, sa voix me parvenait par un haut-parleur fixé au mur.

– Je... euh, bafouillai-je nerveusement, j'ai lu votre message sur la boîte aux lettres de mon ordinateur.
– Certainement, reprit-elle sans cesser de sourire. Beaucoup de nos clients, tout comme vous, ont découvert nos services ainsi. Veuillez m'excuser de vous recevoir derrière cette vitre, mais les appareils que vous voyez derrière moi sont d'une extrême sensibilité et nous devons les protéger avec le plus grand soin.
Je jetai un coup d'œil à l'appareillage électronique qui recouvrait le mur : écrans vidéo, caméras, claviers de commande, ampoules clignotantes, cadrans chiffrés, c'était un véritable décor style Guerre des Étoiles. J'avais soudain un pavé dans l'estomac. Cette démarche n'était peut-être pas une si bonne idée, après tout.
– Vous... vous n'aimez sans doute pas beaucoup voir des... euh, des enfants traîner par ici, je suppose, repris-je d'une voix mal assurée, tout en reculant prudemment vers la porte.
– Mais pas du tout ! affirma-t-elle avec un nouveau sourire. Beaucoup de nos clients sont des jeunes tels que vous. Les jeunes semblent même particulièrement intéressés par notre proposition. Vous m'avez dit que votre nom était...?
– Gregory, Gregory Dunoy.
– Ravie de vous connaître, Gregory. Je m'appelle madame Hudson. Quel âge avez-vous ? Douze ans ?
J'approuvai de la tête.
– Approchez un instant, je vous prie, continua

madame Hudson en me faisant un signe de la main. Je fis quelques pas prudents. Madame Hudson poussa un étroit volet de verre qui s'ouvrait dans la cloison à la hauteur de son bureau et fit passer par l'ouverture une sorte de grand livre plat. Je le pris et le feuilletai. C'était un album photo.

– Mais ce sont des garçons et des filles de mon âge ! m'écriai-je, étonné.

– C'est exact, confirma madame Hudson. Tous ces jeunes sont prêts à échanger leur personnalité avec quelqu'un d'autre.

– Ça alors ! murmurai-je.

Je regardai les photos plus attentivement. Ces garçons et ces filles me paraissaient pleins de santé et plutôt décontractés. Ils n'avaient pas des têtes à avoir peur d'un rat en caoutchouc. Je me demandais quel effet cela pouvait bien faire d'être dans la peau de l'un d'entre eux.

– Vous pouvez choisir, expliqua madame Hudson. Avec quel garçon, ou même avec quelle fille, cela n'a pas d'importance, aimeriez-vous échanger votre personnalité ?

– Mais... ça fonctionne comment ? m'inquiétai-je. Est-ce que je dois aller vivre chez quelqu'un d'autre ? Aller à son école ? Porter ses vêtements ?

Madame Hudson se mit à rire :

– C'est bien plus intéressant que ça, Gregory. Avec notre service d'échange, vous devenez réellement l'autre personne, le temps que vous désirez.

– Comment ça ?

– Notre système permet de transporter en toute sécurité votre esprit dans un autre corps. Et c'est absolument sans douleur, assura madame Hudson. Vous serez le seul à savoir que vous êtes bien vous. Personne d'autre ne vous reconnaîtra, pas même vos propres parents.

– Mais, demandai-je, un peu désemparé, et mon corps ? Est-ce qu'il va rester... euh, stocké quelque part ?

– Pas du tout ! Notre agence s'engage à trouver quelqu'un qui occupera votre corps pendant la durée de l'échange. Votre famille ne s'apercevra même pas de votre absence.

Pensant à ma carcasse maigrichonne, je me demandai qui pourrait bien avoir envie de l'emprunter, même pour quelques jours. Madame Hudson s'adossa à sa chaise :

– Alors, qu'en pensez-vous, Gregory ? Êtes-vous intéressé ?

Je plongeai mon regard dans ses yeux noirs. J'avais la gorge nouée et une sueur froide me coulait le long du dos. Cette affaire me paraissait plutôt bizarre. Tout ça me donnait la chair de poule.

– Euh..., répondis-je enfin, je ne sais pas. Je ne suis pas tout à fait sûr.

– Ne vous inquiétez pas, me rassura madame Hudson. La plupart de nos clients ont besoin d'un moment de réflexion avant de se décider à cet échange de personnalité, c'est bien normal. Pensez-y tranquillement, nous avons tout le temps. Mais en attendant, ajouta-t-elle en montrant un appareil photo, me permettez-vous de prendre un cliché de vous ? Ainsi, nous pourrons chercher quelqu'un qui accepterait d'intégrer votre corps pour quelque temps.

– Euh, oui, d'accord, balbutiai-je.

Le flash me fit cligner des yeux. Je me dépêchai d'ajouter :

– Mais je ne suis pas encore sûr de vouloir faire cet échange.

– Cela ne vous engage à rien, assura madame Hudson. Remplissez simplement ce questionnaire. Ensuite je mettrai votre photo dans notre album. Et dès que nous trouverons une personne intéressée, je vous appellerai et vous me ferez part de votre décision.

– D'accord, répondis-je.

« Après tout, c'est vrai, me disais-je, ça ne m'engage à rien. Et d'ailleurs, qui pourrait bien avoir envie d'échanger son corps contre le mien ? »

Je remplis donc le questionnaire, avec mon nom et mon adresse. Je devais ensuite décrire mes occupations favorites, les matières où j'étais bon ou mauvais à l'école, des choses de ce genre. Quand j'eus terminé, je glissai le questionnaire par l'ouverture dans la vitre, je saluai madame Hudson et m'en allai. Je pris le chemin du retour l'esprit tranquille. Mais au coin de la rue, je me trouvai à nouveau nez à nez avec les trois gorilles.

– Hé ! les gars, beugla Ted avec un sourire qui découvrit toutes ses dents, voilà notre Zéro sur ses deux pattes ! On n'a pas fait du très bon boulot, hier, on dirait !

Une fois de plus ils me tombèrent dessus.

Trois minutes plus tard, j'étais par terre et je les regardais s'éloigner de mon seul œil encore ouvert.

– Allez, salut, bonne journée ! me lança Ted.

Et je les entendis s'esclaffer tous les trois.

Je m'assis et martelai le trottoir de mes poings :

– J'en ai marre, marre ! sanglotai-je. Je veux être quelqu'un d'autre ! N'importe qui d'autre !

Péniblement, je me remis debout.

– Je vais le faire, décidai-je. Et personne ne m'en empêchera. Je vais appeler Mme Hudson tout de suite. Je lui demanderai de me transférer dans un autre corps le plus tôt possible.

7

En attendant un appel du bureau des Échanges, j'occupai les quelques jours qui suivirent à renouveler mes pansements.

Au début, je courais répondre à chaque sonnerie du téléphone. Mais ce n'était jamais pour moi. C'était généralement l'une ou l'autre des copines de ma sœur en veine de bavardage.

Un après-midi, comme je lisais un roman de science-fiction à ma place habituelle, sous le gros érable, j'entendis des pas et levai les yeux de mon livre. C'était monsieur Anvers qui traversait sa pelouse, vêtu de sa combinaison d'apiculteur. Il entra dans l'enclos grillagé, derrière son garage, et se mit à ouvrir les petites portes de ses ruches.

Bzzzzzz...

Je plaquai mes mains sur mes oreilles, mais je continuais d'entendre un bourdonnement sourd. Comme je pouvais haïr ce bruit ! Il me terrifiait.

Frissonnant, je décidai de rentrer.

Au moment où je me relevais, je sentis sur mon nez

le choc d'un petit objet rond et velu : une abeille ! Ces sales bêtes étaient-elles en train de s'échapper pour de vrai, cette fois ?
Je jetai un regard inquiet vers le jardin voisin et fus brusquement envahi par une bouffée d'angoisse : il y avait un grand trou dans le fin grillage de l'enclos, et les abeilles s'envolaient en masse ! L'une d'elles se posa sur ma tempe, bourdonnant à mon oreille. Je hurlai, agitai les mains frénétiquement tout en m'enfuyant vers la maison. J'étais prêt à appeler la police ou même les pompiers. Mais comme je claquais la porte derrière moi, j'entendis au dehors un rire que je ne connaissais que trop bien : « Ha, ha ! » Monsieur Anvers se payait ma tête, une fois de plus. Je frappai violemment du poing sur la table. Mais c'est sur son sale nez que j'aurais voulu cogner.
À cet instant, la sonnerie du téléphone retentit.
– Ce n'est pas bientôt fini ? explosai-je, hors de moi. Cette bande de pipelettes n'a donc rien de mieux à faire qu'à jacasser avec ma sœur toute la journée ?
J'arrachai le combiné de son support et aboyai :
– Qu'est-ce que c'est ?
– Je voudrais parler à Gregory, s'il vous plaît, répondit une voix de femme, à Gregory Dunoy.
– Euh... oui, bafouillai-je, pris au dépourvu, c'est moi.
– Bonjour, Gregory, c'est madame Hudson, du bureau des Échanges de Personne à Personne. Vous vous souvenez de moi ?

Mon cœur se mit à tambouriner dans ma poitrine :
– Oui, bien sûr, je me souviens.
– Eh bien, si vous êtes toujours intéressé, nous avons une possibilité d'échange pour vous.
– Une... possibilité ?
– Absolument. Un jeune homme de votre âge serait prêt à changer de corps avec vous.
J'hésitai une seconde. Puis, jetant un coup d'œil à la fenêtre, je vis une grosse abeille rayée qui rampait à l'extérieur de la vitre. J'avais encore dans l'oreille l'insupportable rire moqueur de monsieur Anvers : « Ha, ha, ha, ha ! »
– Oui, répondis-je d'une voix ferme. Je suis tout à fait intéressé. Quand pouvons-nous faire l'échange ?
– Mais, dès aujourd'hui, déclara madame Hudson, chez vous si cela vous convient.
Je réfléchis rapidement, sentant mon sang cogner dans mes artères. Mes parents étaient sortis, Véro passait l'après-midi chez une copine. C'était une chance à saisir.
– Tout de suite ! m'écriai-je.
– Formidable, Gregory ! J'arriverai chez vous d'ici un quart d'heure.
– Je vous attends !
Le quart d'heure qui suivit me parut durer un siècle. Je faisais les cent pas dans le salon en me demandant à quoi ressemblerait mon nouveau corps, mes nouveaux « parents », ma maison, mes vêtements, si j'aurais des amis.
Enfin j'entendis un coup de sonnette. Je me sentais

comme une loque. Mes mains transpiraient tellement que j'eus de la peine à tourner la poignée pour ouvrir.
– Installons-nous dans la cuisine, suggéra madame Hudson. J'ai besoin d'une table pour poser mon matériel.
Je lui montrai le chemin. Elle ouvrit une mallette et en sortit des espèces de boîtes métalliques hérissées d'antennes.
– Et qui est le garçon qui désire faire l'échange avec moi ? demandai-je.
– Il s'appelle David Wolf.
– David Wolf, répétai-je avec enthousiasme.
Son nom me plaisait.
– De quoi a-t-il l'air ? ajoutai-je.
Madame Hudson ouvrit l'album de photos :
– Le voilà, dit-elle en désignant du doigt l'un des portraits.
Je vis un grand type blond à la carrure d'athlète, vêtu d'un short cycliste noir et d'un débardeur. Je n'en croyais pas mes yeux.
– On dirait un champion de surf ! m'écriai-je. Pourquoi diable veut-il changer de corps avec moi ? C'est une blague ?
Madame Hudson sourit :
– Pour être tout à fait honnête, Gregory, ce n'est pas votre corps qui l'intéresse. Ce sont vos dons pour les mathémathiques. Il doit passer des tests assez difficiles, ces jours-ci, à son cours de rattrapage d'été. Il serait ravi que vous les passiez à sa place. Bien sûr, il souhaite réintégrer son corps dès la fin des tests.

– Ah, je comprends, soupirai-je. C'est vrai, je suis plutôt bon en maths.
– Nous le savons, Gregory. Le bureau d'Échange fait toujours sa propre enquête, expliqua madame Hudson. Vous êtes excellent en maths. David, lui, est un champion de planche à roulettes.
J'étais rassuré, et en même temps un peu déçu. L'échange ne durerait que quelques jours. Enfin, c'était toujours mieux que rien !
Je m'assis devant la table.
Bzzzzzz... ! Une abeille vint bourdonner juste sous mon nez.
– Hé, criai-je en bondissant de ma chaise, comment est-elle entrée ici ?
Madame Hudson leva à peine la tête de ses branchements :
– La porte donnant sur le jardin est entrouverte, dit-elle. Maintenant, Gregory, asseyez-vous, s'il vous plaît, et détendez-vous. Je dois fixer cette courroie à votre poignet.
Jetant un coup d'œil anxieux vers la porte, je me rassis. Madame Hudson entoura mon poignet d'une courroie noire, puis se mit à trifouiller les fils qui sortaient de l'une de ses machines.
Bzzzzzz...
Une autre abeille voletait derrière moi et je sursautai.
– S'il vous plaît, Gregory, ne bougez pas, sinon le branchement ne fonctionnera pas.
– Comment rester tranquille quand des abeilles viennent vous bourdonner sous le nez !

Maintenant, j'en voyais trois qui se promenaient sur la table. Une quatrième voletait autour de ma tête. Je sentais monter la panique :

– Mais qu'est-ce que c'est que toutes ces bestioles !

– N'y faites pas attention, dit madame Hudson. Si vous les laissez en paix, elles ne vous feront pas de mal. D'ailleurs, dans un instant, ce n'est plus vous qui serez ici, mais David Wolf. Et lui, il n'a pas peur des abeilles !

Elle appuya sur une touche et un voyant lumineux se mit à clignoter.

– Voilà, vous êtes maintenant connecté avec David. Quand j'abaisserai cette manette, l'échange se produira. Pendant quelques minutes, vous ne serez plus visible. Puis votre apparence se reformera, mais ce ne sera plus vous. Ce sera David Wolf à l'intérieur de votre corps.

– Oui, mais...

J'aurais voulu en savoir un peu plus, qu'elle me parle un peu de David, de sa maison, de ses parents. Je n'en eus pas le temps.

ZZAAAAAAPP !

Je fus ébloui par un éclair blanc. Je tentai de crier, mais aucun son ne sortit de ma bouche. La lumière devint si intense que j'en fus aveuglé. Puis je sombrai dans un océan d'obscurité.

Quelque chose clochait.
Je recommençais à distinguer les couleurs, mais tout était complètement brouillé. J'essayais d'accommoder ma vision, mais je n'arrivais pas à fixer mon regard sur quoi que ce fût.
Mon nouveau corps réagissait d'une drôle de façon. J'étais sur le dos et me sentais aussi léger qu'une plume, si léger que j'aurais pu flotter dans les airs. Comment le grand corps musclé de David Wolf pouvait-il me procurer une telle sensation ?
Non, quelque chose clochait. J'avais le sentiment de m'être fait avoir. La photo qu'on m'avait montrée était-elle bien celle de ce David ? Peut-être était-il plus petit et bien plus frêle qu'il n'en avait l'air ?
Je voulus lever la main pour me tâter, mais elle me parut extrêmement bizarre, minuscule, et mon bras me semblait pourvu de plusieurs coudes. Brusquement envahi par l'angoisse, j'essayais de comprendre ce qui avait bien pu m'arriver. Je réussis

finalement à tâter mon corps et poussai un hurlement :
– Aaaaaah !
Ma peau était douce, soyeuse, recouverte d'une sorte de fourrure. Horrifié, j'appelai :
– Madame Hudson ! Au secours ! Quelque chose ne va pas !
Mais ma voix elle-même avait quelque chose d'insolite. Elle était faible, inaudible, à peine un couinement de souris. Je basculai sur le ventre et tentai de me relever, agitant les bras pour rétablir mon équilibre. Et brusquement je réalisai que mes pieds ne touchaient plus le sol. Je volais !
– Mais qu'est-ce qu'il m'est arrivé ? m'écriai-je, de toute la puissance de ma ridicule petite voix.
Je me posai maladroitement sur ce qui me parut être le placard de la cuisine. Comment pouvais-je bien tenir sur un placard de cuisine ?
Je remuai de nouveau mes étranges nouveaux bras et je découvris que je pouvais en contrôler les mouvement pour me déplacer dans les airs. Je sentais bouger dans mon dos des muscles inconnus. Je fis un nouvel essai et m'envolai cette fois vers la fenêtre. Épuisé, j'atterris sur le rebord. Alors, avec un frémissement d'horreur, je découvris un monstre hideux reflété par la vitre, qui me fixait de ses yeux énormes.
J'aurais voulu crier, mais la terreur me paralysait et je ne pus émettre aucun son.
– Il faut que je parte de là, pensai-je, affolé.

Je remuai les pieds et me mis à courir. Le monstre derrière la vitre se mit à courir aussi. Je m'arrêtai, il s'arrêta. Je gémis :

– Oh ! non ! s'il vous plaît, faites que ce ne soit pas vrai !

Je venais de comprendre l'épouvantable vérité : le monstre, c'était moi. C'était mon reflet dans la vitre. Madame Hudson avait fait une fausse manœuvre. J'étais emprisonné dans le corps d'une abeille !

9

Je ne sais combien de temps je restai là, sur le rebord de cette fenêtre, à fixer mon reflet dans la vitre. J'attendais de me réveiller de ce cauchemar, j'attendais de me retrouver dans le corps musclé de David Wolf. Mais je ne ressemblais définitivement pas à David Wolf. J'avais deux yeux énormes, de chaque côté de ma tête, et deux minuscules antennes dépassaient de ce que je ne pouvais même plus appeler un front. Ma bouche était tout simplement immonde, équipée d'une sorte de longue trompe que je pouvais à mon gré allonger ou raccourcir. J'avais trois pattes de chaque côté de mon corps velu, et des ailes accrochées dans le dos. J'étais devenu l'un de ces insectes dégoûtants que je haïssais tellement !

– Madame Hudson, au secours, criai-je à nouveau. Quelque chose n'a pas marché, aidez-moi !

Criiiiiik... Slam !

Qu'est-ce que c'était que ce bruit ?

Oh ! non ! Je réalisai soudain que madame Hudson était partie, claquant la porte derrière elle. Je me souvenais de ce qu'elle m'avait expliqué, juste avant d'abaisser la manette fatale : pendant quelques instants, j'allais devenir invisible. Était-elle donc si pressée pour ne pas attendre que mon apparence se reforme ? Était-elle donc si sûre de la réussite de l'opération ?

Une fois de plus, je venais de me faire avoir. Et cette fois, de la façon la plus horrible qui soit. Mais madame Hudson était mon seul espoir. Il fallait que je la rattrape, il fallait que je lui explique ce qui m'était arrivé !

– Attendez ! appelai-je de toutes mes forces. Madame Hudson, attendez-moi !

Battant des ailes comme un fou, je passai de la cuisine au salon. Par la fenêtre, je vis sa voiture encore garée devant la maison. Mais la porte d'entrée était fermée, et une abeille est incapable d'ouvrir une porte ! J'étais prisonnier dans ma propre maison !

– La porte de derrière ! Elle est entrouverte !

Je me rappelai soudain que madame Hudson en avait fait la remarque. C'était par là que ces maudites abeilles étaient entrées dans la cuisine.

Je pris mon essor et constatai que je me dirigeais de mieux en mieux. Mais je ne m'attardai pas sur cette pensée. Mon unique souci était de rattraper madame Hudson avant qu'elle ne s'en aille.

Je me faufilai par l'étroite ouverture de la porte, appelant désespérément :

– Madame Hudson, attendez-moi ! Vous avez tout raté ! Je suis devenu une abeille, aidez-moi !
Mais ma voix était si ténue qu'elle ne m'entendait pas. Je la vis ouvrir sa portière et s'installer au volant. Ma seule chance de redevenir moi-même était sur le point de disparaître ! Que faire ? Comment attirer son attention ?
Je volai droit à la hauteur de sa tête et bourdonnai à son oreille :
– Madame Hudson, c'est moi, Gregory !
Elle poussa un léger cri et fit un geste vif de la main, le geste que l'on fait pour chasser un insecte importun. Je fus projeté vers le sol et m'écrasai brutalement sur la chaussée. Tout endolori, je bougeai la tête pour essayer de me repérer. Je découvris alors que je possédais aussi des sortes d'yeux minuscules disposés en triangle au sommet de la tête. Je les utilisai pour mieux voir. Alors je poussai un hurlement de terreur : un énorme pneu s'était ébranlé et commençait à rouler droit sur moi. Madame Hudson allait m'écraser sous sa roue ! J'allais être aplati comme le vulgaire insecte que j'étais !

10

Je restai paralysé de terreur. Même avec mon étrange vision brouillée d'abeille, je distinguais les profondes rainures du pneu qui roulait lentement vers moi, plus près, plus près...

– Il faut que je m'envole de là, me dis-je, affolé.

Mais dans ma panique, j'étais incapable de contrôler les muscles inconnus qui faisaient fonctionner mes ailes.

– Je... je vais être écrasé !

J'émis un faible cri, le dernier.

Et la voiture s'arrêta.

Tremblant de tout mon corps, je réussis enfin, je ne sais comment, à me propulser dans les airs. Oui, je volais de nouveau ! Je pouvais voir madame Hudson assise à son volant. Elle avait arrêté sa voiture le temps d'attacher sa ceinture.

– Eh bien ! soupirai-je, les ceintures de sécurité peuvent réellement sauver des vies !

Je tentai encore une fois d'appeler madame Hudson,

mais en vain. Je regardai, impuissant, la voiture s'éloigner, jusqu'à ce qu'elle ne soit plus qu'une vague tache de couleur. Alors, épuisé, gonflé d'angoisse, je m'envolai en bourdonnant vers un buisson de lilas et me posai sur une feuille. « C'était moins une ! me dis-je, tâchant de reprendre mon souffle. »

Une grosse chenille verte qui rampait sur une tige voisine s'approcha et se mit à mâcher à grand bruit le bord de la feuille où je m'étais posé. Je n'avais encore jamais vraiment observé une chenille, jusqu'à présent. Vue de près, c'était vraiment une bête horrible, une espèce de dragon.

– Va-t'en de là, menaçai-je de ma minuscule voix.

Elle ne tourna même pas la tête. Les chenilles sont peut-être sourdes ?

J'entendis alors des pas dans l'allée et oubliai aussitôt ce répugnant animal. J'utilisai mes yeux de côtés pour mieux voir. C'était maman !

– Maman, oh maman, je suis là ! lançai-je de toutes mes forces.

Elle ne m'entendit pas. Je la vis monter les marches du perron et disparaître à l'intérieur de la maison.

Je me sentis envahi par une vague de détresse. Ma propre mère ne pouvait même pas me reconnaître ! Je m'envolai de la feuille et me mis à bourdonner désespérément devant les fenêtres de la façade.

Je contrôlais maintenant parfaitement le mouvement de mes ailes. Mais ce que j'aperçus à travers la vitre me causa un tel choc que je tombai brusquement dans l'herbe. Ma mère était dans le salon et elle *me* parlait ! Du moins c'était ce qu'elle croyait. Mais moi, je savais bien que ce n'était pas moi ! Moi, j'étais là, dehors. Et celui qui était dans la maison avec ma mère ne pouvait être que David Wolf. Il avait donc réussi à s'installer dans mon corps, lui ?

Je me posai sur le rebord de la fenêtre pour mieux voir. Ma mère parlait. Le garçon approuvait de la tête et riait. Il dit quelque chose, et en l'observant attentivement, je réussis à déchiffrer les mots sur ses lèvres :

– Tu as racheté de la confiture de fraise ? Chic alors !

Ma mère lui sourit et lui passa la main dans les cheveux. Je vis qu'il l'appelait « maman ». Comment osait-il ? De quel droit appelait-il ma mère « maman » ? Non mais, pour qui se prenait-il, ce type ? Et ma mère ? Était-elle donc incapable de deviner qu'un parfait étranger occupait le corps de son fils ? Si les abeilles pouvaient pleurer – et je sais maintenant qu'elles ne peuvent pas –, j'aurais éclaté en sanglots. De les voir tous les deux bavarder tranquillement comme ça, ma mère et ce faux Gregory, me mettait hors de moi. Comme un fou, je m'élançai contre la vitre, la percutant de toute l'énergie de mon petit corps d'insecte.

– Bzzzzzz ! bourdonnai-je, c'est moi, Gregory ! Regardez-moi ! Aidez-moi !

Inlassablement, je heurtai la vitre, et la heurtai encore. Mais personne dans la maison n'y prêtait attention.

Au bout de quelques minutes, je vis maman revenir de la cuisine avec une tartine de confiture, et l'autre « moi » se mit à mordre dedans avec appétit, laissant les miettes tomber sur le tapis.
Je m'aperçus alors que je mourais de faim.
« Au fait, qu'est-ce que ça mange, une abeille ? » me demandai-je.
J'essayai intensément de me souvenir de ce que j'avais pu lire sur le sujet. Je pensai à la chenille mâchonnant sa feuille. Les abeilles ne mangent pas de feuilles, ça j'en étais sûr. Que mangeaient-elles donc ? D'autres insectes ? Pouark !
Cette idée me donnait la nausée. J'aurais mieux aimé mourir que de manger un insecte.
Je m'envolai en bourdonnant vers le jardin, essayant de repérer quelque chose, n'importe quoi, qui puisse apaiser ma faim. En même temps, je remarquai que j'utilisais de mieux en mieux mon nouveau système de vision. Je me souvenais d'avoir lu un jour dans un vieil album intitulé *La vie des abeilles* que les yeux de ces insectes possédaient des centaines de minuscules lentilles assemblées en facettes.
« Voilà qui est intéressant, me dis-je. Mais ça ne m'aide pas beaucoup à trouver de quoi manger ! »
Pourtant, si je pouvais me rappeler ces détails à propos de la vision des abeilles, j'arriverais sans doute à me remémorer aussi de quoi elles se nourrissaient.
Je me posai sur un buisson pour réfléchir plus commodément et remarquai une délicieuse odeur. Tournant la tête, je me trouvai face à face avec une

belle fleur jaune qui embaumait. Je me souvins alors brusquement de ce que j'avais lu dans mon album : les abeilles butinent ! Elles butinent le pollen des fleurs !

Tout excité, je me mis à voleter au-dessus de la fleur, essayant d'aspirer quelque chose avec cette espèce de longue trompe bizarre que j'avais maintenant. Mais comment s'en servait-on ? Je n'en avais pas la moindre idée.

À force de voleter comme ça, dans tous les sens, je me sentais complètement épuisé. Si je ne trouvais pas rapidement de quoi me nourrir un peu, j'allais tomber de faiblesse. J'avais le vertige, mes idées se brouillaient dans ma tête, je n'étais même plus sûr d'avoir été un jour un garçon. Peut-être avais-je toujours été une abeille, une abeille qui avait rêvé qu'elle était un garçon ?

Slamm !

Quelqu'un venait de claquer une portière de voiture tout près de là, et le bruit m'avait tiré de l'espèce de brouillard dans lequel j'étais en train de sombrer.

Je me tournai de ce côté.

Papa !

Je le vis fermer la porte du garage, remonter l'allée et se diriger vers la porte arrière de la maison.

– Papa, Papa ! C'est moi, Gregory ! Papa, aide-moi !

– Salut, Gregory, dit mon père.

11

– Papa, m'écriai-je, fou de joie. Papa, tu m'entends ! Papa, tu vas m'aider !

Mais il passa sans même me jeter un regard et s'adressa au faux Gregory qui venait à sa rencontre. Affreusement déçu, je me mis à bourdonner autour de leurs têtes.

– Tiens, fit mon père en riant, on dirait que monsieur Anvers a perdu une de ses ouvrières !

Et il me chassa en agitant le journal qu'il tenait roulé à la main, me manquant d'un cheveu.

– Ah, oui, monsieur Anvers ! répéta le faux Gregory, comme s'il savait de quoi papa parlait.

– Allons dîner, fiston, dit papa en prenant affectueusement par les épaules le garçon qu'il croyait être son fils.

Je les vis traverser la pelouse comme deux camarades et entrer dans la cuisine par la porte de derrière.

– Papa, attends ! criai-je, attends-moi !

Je me lançai à leur poursuite à la vitesse d'une fusée, déterminé à pénétrer dans la cuisine en même temps qu'eux.

Blam !

La porte de la cuisine s'était refermée et mon minuscule corps d'insecte s'écrasa sur le battant comme une balle sur une cible. Pour la deuxième fois, je me sentis sombrer dans une profonde obscurité.

– Aïe ! Où suis-je ? Que m'est-il arrivé ?

J'étais sonné. Peu à peu, je repris mes esprits et constatai que j'étais toujours une abeille, une pauvre petite bestiole fragile qui avait failli se tuer contre une porte.

Pour l'heure, je gisais sur le dos, dans l'herbe de notre jardin, battant comiquement l'air de mes six pattes dans un effort désespéré pour m'envoler. J'étais abeille depuis une heure à peine et j'avais déjà failli me faire tuer deux fois.

« Mon pauvre Grégo-le-Zéro, pensai-je amèrement, même comme abeille tu ne vaux pas grand-chose non plus ! »

Je n'avais plus qu'une chose à faire : retourner au bureau de madame Hudson et trouver un moyen de lui faire comprendre ce qui m'était arrivé. Je ne savais pas comment j'allais m'y prendre, mais il me fallait absolument essayer. Vrombissant sous l'effort, je réussis à me remettre sur mes pattes. Je vérifiai qu'elles étaient bien là toutes les six et que mes ailes fonctionnaient.

« Ça va, me rassurai-je, tu peux le faire. Tu n'as qu'à

voler jusqu'au bureau des Échanges et entrer. Après tu verras bien. »
Je remuai mes ailes et m'élevai aussitôt dans les airs. Mais j'étais à peine à un mètre du sol quand j'entendis un bruit familier qui me glaça : le miaulement de Grisbi le chat.
Brusquement, il bondit et me captura au vol entre ses longues griffes recourbées.

12

Comme les griffes du chat se refermaient sur moi, je n'eus qu'une pensée :
« Pique-le, pique-le ! »
J'allais le faire lorsque, soudain, je me rappelai ce que j'avais lu dans *La vie des abeilles* : quand une abeille utilise son dard, elle meurt. Et je ne voulais pas mourir. Je voulais rester en vie et retrouver mon corps d'avant.
Au lieu d'utiliser mon dard, il valait mieux faire fonctionner ma cervelle.
Grisbi ouvrit sa gueule baveuse, prêt à broyer sa petite proie ailée. Mais au dernier moment, je réussis à me glisser entre ses griffes et les dents du chat claquèrent dans le vide.
Je tentai de m'envoler, mais d'un coup de patte, Grisbi me jeta de nouveau à terre. Il jouait avec moi comme avec l'un de ces ridicules jouets de caoutchouc que ma sœur lui offrait chaque année à Noël.
Rassemblant mes dernières forces, je battis furieuse-

ment des ailes et m'envolai aussi vite, aussi haut que possible. Un coup d'œil en arrière – un seul de mes yeux me suffit pour cela – m'apprit que le chat, étonné, était resté le derrière dans l'herbe, sa patte aux griffes écartées inutilement levée. L'espace d'une seconde, je fus envahi par une extraordinaire sensation de triomphe.

– Tu l'as eu, Greg ! me lançai-je à moi-même. Toi, une petite abeille de rien du tout, tu as donné une leçon à cet ignoble matou !

J'étais si fier de mon exploit que j'exécutai dans les airs un grand cercle victorieux.

Et OUAP !

« Oh non ! Qu'est-ce que c'est encore que ça ? »

J'avais foncé tête baissée dans quelque chose de souple, d'élastique, qui m'emprisonnait les pattes. Je me débattis pour me libérer, tirant, poussant, bourdonnant sourdement. Rien à faire, j'étais pris.

« Ha, ha, ha ! » Je frissonnai de tout mon corps en entendant ce rire bien connu. Et je compris brutalement ce qui m'était arrivé : j'étais pris dans le filet de monsieur Anvers.

Une vague de désespoir me submergea. Je savais ce qui allait m'arriver. Monsieur Anvers m'enfermerait dans l'une de ses ruches. Et plus jamais je n'en sortirais.

13

– Allez, allez, mes mignonnes, chantonnait monsieur Anvers. On rentre à la maison, on retourne au travail, mes petites fleurs de miel !

Bzzzzzz...

Aux sourds bourdonnements qui s'élevaient autour de moi, je compris que je n'étais pas la seule abeille prise au filet de monsieur Anvers. D'ailleurs, de mon œil droit, j'en apercevais une qui me ressemblait en tout point. Elle vint se poser juste en face de moi, les antennes frémissantes. Quel monstre !

Je sentis mes pattes trembler de frayeur. Mais comme je me détournais, je me retrouvai nez à nez avec une autre abeille, une autre, et encore une autre. Chacune me paraissait plus effrayante que la précédente, avec leurs yeux énormes et leurs horribles antennes. Et toutes bourdonnaient, menaçantes, en me regardant. Plus monsieur Anvers capturait d'abeilles, plus le

bourdonnement s'amplifiait. Je me retrouvai précipité pêle-mêle au milieu d'un monceau d'insectes affolés, dans un grouillement de cauchemar.
Je n'avais jamais été aussi terrifié de ma vie. Je hurlai de toute ma ridicule petite voix. Je tentai de grimper le long du filet, mais mes pattes et mes ailes étaient emmêlées dans d'autres pattes gigotantes, d'autres ailes frémissantes. Mon corps était coincé sous d'autres corps velus et répugnants.
Malgré ma terreur, une seule pensée occupait mon esprit : il fallait que je m'échappe coûte que coûte. Il fallait que je me rende au bureau des Échanges. Il fallait que je parle à madame Hudson. Elle seule pouvait m'aider.
Puis une autre idée me pétrifia de frayeur : si je n'arrivais pas à m'échapper, j'allais rester une abeille pour le reste de mes jours !
Monsieur Anvers transportait ses prisonnières vers l'enclos grillagé et je ne savais plus que trembler et bourdonner, submergé par l'affolement. Comment une chose pareille avait-elle pu m'arriver ? Comment avais-je pu être assez stupide pour vouloir changer de corps avec quelqu'un d'autre ? Pourquoi n'avais-je pas su me satisfaire du corps en parfait état de marche qui était le mien ?
Monsieur Anvers ouvrit la porte de l'enclos derrière son garage.
– Nous voilà de retour, mes jolies petites fleurs de miel, roucoula-t-il.
Il retourna le filet et le secoua à petits coups, faisant

tomber une à une les abeilles à l'intérieur des ruches sans avoir l'air troublé le moins du monde par le bourdonnement infernal qui s'élevait.

Et puis ce fut mon tour.

Quand je vis les doigts de monsieur Anvers prêts à se refermer sur moi, je m'accrochai de toutes mes pattes au filet. Je me souvenais soudain de son discours de bravache sur les véritables apiculteurs qui ne portaient pas de gants, comme lui, parce que « ses abeilles avaient confiance en lui » !

Je regardais ses doigts s'approcher.

Quel plaisir ce serait d'enfoncer mon dard, profondément, dans la peau de ses doigts grassouillets !

« Je le fais ? Je le pique ? »

14

Je ne le piquai pas. Je ne voulais pas mourir.

Certes, ma situation paraissait sans issue. Mais je me cramponnais encore à un lambeau d'espoir. D'une façon ou d'une autre, je réussirais peut-être à m'échapper de cette prison pour abeilles et à me retrouver dans mon véritable corps. Cela semblait peu vraisemblable, mais j'étais décidé à tenter l'impossible.

– Et voilà, ma mignonne, susurra monsieur Anvers.

Il ouvrit l'un des tiroirs de l'une de ses ruches et m'y laissa tomber.

Je ne pus que gémir :

– Ooooh !

Il faisait si sombre là-dedans ! Où aller ? Que faire ? L'atmosphère était chaude et humide. J'étais environné par un bourdonnement sourd.

– Je ne peux pas supporter ça, criai-je, je ne peux pas !

Je me sentais devenir complètement cinglé. Autour

de moi, des abeilles s'affairaient dans l'obscurité. Je ne bougeai pas d'où j'étais, bien trop terrifié pour risquer un pas.

Brusquement, je me rappelai que je mourais de faim. Si je ne trouvais pas quelque chose à manger, jamais je n'aurais assez de forces pour tenter de m'échapper ! Je me mis à tourniquer ici et là, essayant de me repérer. Du coin de mon œil gauche, je vis une abeille qui m'observait. La peur me saisit. Les abeilles s'attaquent-elles entre elles à l'intérieur d'une ruche ?

Je ne me souvenais pas d'avoir lu quoi que ce soit à ce sujet. Mais celle-là avait vraiment une tête à chercher la bagarre.

– Laisse-moi, suppliai-je de ma toute petite voix. S'il te plaît, lâche-moi les baskets !

L'autre abeille continuait de me fixer. Ses énormes yeux globuleux me paraissaient noirs de colère. Je reculai prudemment.

– Je... je m'en vais, bégayai-je d'une voix aiguë. Il faut que... euh... que j'aille travailler.

L'autre abeille remua ses antennes. Était-ce une menace ? Allait-elle se jeter sur moi pour me piquer ? Je tentai de m'envoler, de me cacher quelque part. Mais j'avais si peur que je n'arrivais même plus à contrôler le mouvement de mes ailes.

Pourtant, il me fallait sortir de là, il me fallait trouver quelque chose à manger.

Tout tremblant, j'avançais sur la pointe des pattes, guettant nerveusement autour de moi. Sur la paroi du

fond, je distinguais un amas d'abeilles occupées à construire quelque chose.
Des rayons de miel ! Et là où il y a des rayons de miel, me dis-je, il y a du miel !
J'avais toujours détesté cette pâte collante et sucrée. Mais cette fois je n'avais pas le choix. Il me fallait en manger, et tout de suite !
Prudemment, je m'approchai des ouvrières. Les observant du coin de l'œil, je les voyais faire des choses dégoûtantes. D'abord elles se servaient de leurs pattes pour détacher de leur abdomen des sortes de flocons cireux qu'elles fourraient dans leur bouche, remuant leurs mandibules de haut en bas comme de petites machines à mâcher. Puis elles recrachaient cette pâte et la modelaient pour construire les alvéoles.
Ce spectacle répugnant me soulevait le cœur. Mais je n'avais pas le choix. Il me fallait manger du miel, même mêlé à de la bave d'abeille !
Je déroulai ma longue trompe et m'en servant comme d'une petite pompe, j'aspirai une grosse goutte de miel.
À ma profonde stupéfaction, je trouvai cela bon pour la première fois de ma vie. Je me mis à aspirer avec appétit, comme si c'était du chocolat au lait.
J'appris assez vite à rouler et dérouler ma trompe. C'était vraiment l'outil idéal pour ce genre de nourriture.
« Si je ne retrouve jamais le monde extérieur, me dis-je, je saurai maintenant me débrouiller avec le

pollen des fleurs. Qui sait, je pourrai même devenir la meilleure ouvrière de cette ruche ? »

Je faillis m'étrangler avec le miel. Qu'est-ce qu'il m'arrivait ? Je commençais à me comporter comme une véritable abeille ! Il fallait vraiment que je sorte de là avant qu'il ne soit trop tard.

Je décidai de me mettre immédiatement à la recherche d'une issue quelconque, quand je me sentis brusquement épuisé, complètement vidé.

Était-ce les effets du miel ? Ou bien toutes ces émotions ? Autour de moi, les abeilles bourdonnaient sourdement. Avec un profond soupir, je me laissai aller contre un amas de corps soyeux. Je sombrai dans la chaude obscurité de la ruche, environné par son perpétuel bourdonnement, respirant le parfum sucré du miel. Je sombrai aux côtés de mes sœurs ailées.

« Je suis l'une d'entre elles, maintenant, pensai-je vaguement. Je ne suis plus un garçon, je suis une abeille qui s'endort dans sa bonne vieille ruche, qui s'endort, s'endort... »

15

Je m'éveillai en sursaut et fis le geste de chasser un insecte de mon visage. Il me fallut plusieurs secondes pour reprendre pied dans la réalité. Je n'étais pas allongé dans mon jardin, sous l'érable, guettant les abeilles du voisin. J'étais moi-même une abeille, une abeille enfermée dans une ruche !
Je me redressai, fis quelques pas et me trouvai aussitôt face à une autre abeille. Je n'aurais pas su dire si c'était celle que j'avais vue plus tôt, mais elle paraissait tout aussi furieuse. Et elle se dirigeait droit sur moi.
Je m'envolai sans attendre, aussi vite que possible. Mais je n'avais aucune idée de l'endroit où j'allais. La ruche me semblait faite d'une série de longues galeries sombres. Tout autour de moi, des groupes d'ouvrières construisaient des alvéoles dans un bourdonnement incessant.
Je me mis à chercher une issue, parcourant en tous

sens les rayons de miel odorants et poisseux. De temps à autre, je déroulais ma trompe et aspirais une goutte de miel. Cette saveur sucrée m'écœurait maintenant. Mais j'avais besoin de soutenir mes forces si je voulais m'échapper.

Tout en cherchant une porte de sortie, je remarquai qu'une tâche différente semblait assignée à chaque abeille, les unes bâtissant les alvéoles des rayons, d'autres servant de nurses aux bébés. Et toutes ces petites bêtes ne cessaient jamais de travailler, méritant bien leur qualificatif de « diligentes abeilles ».

Mais moi, errant au hasard dans l'obscurité, je commençais à perdre espoir. « Il n'y a pas d'issue, me disais-je, pas d'issue. »

Profondément malheureux, je me laissai tomber sur le sol de la ruche.

À cet instant, trois grosses abeilles s'avancèrent droit sur moi, bourdonnant agressivement, me heurtant de leurs corps humides et soyeux. Visiblement, elles m'en voulaient.

Peut-être me reprochaient-elles de ne pas faire mon travail ?

Comment leur faire comprendre que je n'avais pas la moindre idée de la tâche que j'étais censé accomplir ?

J'essayai de leur échapper en me glissant de côté, mais chaque fois, l'une d'elles me bloquait le passage. Ces trois grosses abeilles me rappelaient Ted, Jack et Freddy.

Je reculai vivement en voyant l'une d'elles pointer

son dard vers moi. Elle voulait me tuer, ma parole ! Et je ne savais même pas pourquoi !
Poussant un cri de frayeur, je fis demi-tour aussi vite que mes six pattes me le permettaient et me jetai dans un étroit couloir.
Paf ! Je venais de heurter violemment une autre abeille qui venait en sens inverse. Heureusement, elle se hâtait vers une tâche quelconque et sembla à peine me remarquer.
Je poussai un soupir de soulagement et, soudain, il me vint une idée. Où cette abeille s'en allait-elle donc si vite ? Peut-être se dirigeait-elle vers une partie de la ruche que je n'avais pas encore explorée ? Je décidai aussitôt de la suivre. Il fallait que je comprenne la disposition de cette ruche. Qui sait ? Peut-être cela m'aiderait-il à m'évader ?
Je m'élançai donc derrière cette abeille si pressée. Je pensais la rattraper rapidement, mais elle avait déjà disparu. Je la cherchai un long moment à travers les différents rayons, puis j'abandonnai.
– Rien à faire, Grégo-le-Zéro, me réprimandai-je, tu es plus nul que jamais.
Luttant de toutes mes forces contre le découragement, je déroulai ma trompe et aspirai une bonne gorgée de miel pour me redonner des forces. Puis je repris mes recherches désespérées.
Tout à coup, je m'arrêtai dans un passage qui me parut familier. J'étais quasiment sûr que j'étais tombé là quand les gros doigts de monsieur Anvers m'avaient introduit dans la ruche. Mais brusque-

ment, un bataillon d'abeilles en colère se précipita vers moi.

– Hé, doucement ! protestai-je en reculant.

Elles répliquèrent en émettant un étrange bourdonnement aigu.

Qu'allaient-elles faire ? Me menacer de leurs dards ? Passer à l'attaque ?

J'étais encerclé, je ne pouvais pas leur échapper. Et j'étais bien incapable de me battre, seul contre toute cette troupe.

« Cette fois, me dis-je, je suis perdu. »

Tremblant de tout mon corps, je me repliai sur moi-même, résigné, vaincu. J'attendis l'assaut.

16

J'attendis. J'attendis encore.

Mais les abeilles s'écartèrent sans me prêter davantage attention.

Je remarquai alors une autre abeille qui se tenait seule, maintenant, au milieu du cercle. Elle exécutait une sorte de danse bizarre qui tenait du rap et du rock'n roll.

Les autres l'observaient avec une extrême attention, comme si elles n'avaient jamais rien vu d'aussi intéressant au monde. Je comprenais qu'elles ne m'avaient nullement menacé, elles me signifiaient simplement de m'écarter, afin de laisser la place à leur collègue danseuse !

Mais j'avais plus urgent à faire qu'admirer le spectacle. J'étais là, à perdre du temps, au lieu de chercher un moyen d'évasion !

Je tentai de m'éloigner, mais les abeilles s'étaient rassemblées en une masse si compacte que je ne pouvais plus passer. L'abeille danseuse s'agitait de plus en plus frénétiquement et les autres ne la quittaient pas des yeux. Qu'est-ce que cela signifiait ?

Je me souvins alors d'un passage de mon vieux livre : les abeilles envoyaient des éclaireuses pour repérer le pollen. Quand les éclaireuses revenaient, elles exécutaient une sorte de danse codée qui indiquait la route à suivre.

Je ressentis une telle excitation que je me mis presque à danser moi aussi. Mais je n'en eus pas le temps, car l'essaim entier s'éleva soudain comme un sombre nuage bourdonnant. Déployant mes ailes, je m'élançai derrière lui.

Bientôt les abeilles se disposèrent en une longue file sagement ordonnée et, l'une après l'autre, s'échappèrent par une minuscule ouverture au sommet de la ruche. Je m'alignai comme les autres. Enfin je voyais approcher le moment de mon évasion !

Est-ce que ça allait marcher ?

Suivant l'abeille qui me précédait, je me glissai à mon tour par l'ouverture et me retrouvai enfin à l'air libre.

Un instant je suivis du regard les autres abeilles, déjà toutes à leur recherche du pollen. Je savais que je ressemblais trait pour trait à chacune d'entre elles. La seule différence, c'était qu'elles retourneraient volontairement à la ruche de monsieur Anvers. Mais moi, je ferai tout mon possible pour ne plus jamais, jamais m'y laisser enfermer !

– Je suis dehors ! m'écriai-je, laissant éclater ma joie. Je suis libre !

Ébloui par l'éclatante lumière du monde extérieur, je voletai un moment à l'intérieur de l'enclos. Puis je me dirigeai vers le trou que j'avais repéré dans le grillage, du temps où j'occupais encore mon véritable corps.

Je me souvenais qu'il se trouvait du côté de notre jardin. J'y volai tout droit et m'arrêtai brusquement :

– Oh non, ce n'est pas possible !

Le trou avait été rebouché. Monsieur Anvers y avait déjà remédié.

Tremblant de colère et de déception, je dus faire un effort énorme pour me calmer.

Jetant un coup d'œil autour de moi, je remarquai alors qu'il ne restait plus une seule abeille dans l'enclos. Elles étaient toutes parties à la recherche de leur précieux pollen.

– Mon pauvre Grégo, murmurai-je en me posant sur le grillage pour reprendre des forces, tu es vraiment le dernier des zéros ! Où veux-tu qu'elles aillent chercher leur pollen, triple idiot ? Sûrement pas à l'intérieur de l'enclos ! Il y a forcément une autre ouverture quelque part. Et si tu avais sagement suivi tes charmantes « copines » au lieu de faire le malin, tu serais déjà dehors à l'heure qu'il est !

Je n'avais plus qu'à explorer le grillage maille par maille pour trouver la sortie.

À cet instant, la porte du garage, qui donnait directement dans l'enclos, s'ouvrit et j'entendis la voix ronronnante de monsieur Anvers :

– Eh bien, ma petite fleur de miel, qu'est-ce qu'on

fait là, toute seule, sans bouger, au lieu de travailler ? On est malade ? Mais je ne veux pas d'abeille malade dans ma ruche, moi !

Pris dans la grande ombre de monsieur Anvers, je me recroquevillai comme si cela pouvait m'aider à disparaître. Mais de gros doigts boudinés s'approchaient déjà de moi. Je hurlai de terreur.

« Que va-t-il faire de moi ? me demandai-je, affolé. Que peut-il bien faire de ses abeilles malades ? »

17

Que faisait monsieur Anvers de ses abeilles malades ?
Peut-être les jetait-il dans sa poubelle ? À moins qu'il ne les donne en pâture à ses perruches !
Malgré mon épuisement, je me doutais qu'il valait mieux ne pas attendre de le savoir. Il fallait que je m'échappe, un point c'est tout.
À l'instant où les gros doigts de monsieur Anvers s'apprêtaient à se refermer sur moi, je décollai brusquement sous son nez. Surpris, il recula et je m'envolai vivement hors de sa portée.
Je vis alors quelques abeilles revenir de l'extérieur. Elles passaient par une minuscule ouverture dans un coin du grillage. Sans perdre une seconde, je m'élançai aussitôt vers la liberté. Mais au moment où je m'introduisais dans le trou, je percutai une autre abeille qui entrait en sens inverse. Elle me repoussa méchamment en bourdonnant de colère. Effrayé, je reculai précipitamment et m'accrochai au grillage. Je

fus obligé de laisser passer une longue file d'abeilles de retour vers la ruche. Cela n'en finissait plus.
Quand je fus assuré que la dernière d'entre elles était entrée, je me glissai à mon tour par l'ouverture et m'élançai vers l'extérieur.
Libre ! J'étais libre ! Le ciel entier m'appartenait !
– Et cette fois, monsieur Anvers, m'écriai-je, oubliant d'un coup ma fatigue et mes angoisses, vous n'êtes pas près de revoir cette abeille-là dans votre ruche !
Je me posai sur une feuille et laissai le soleil du matin réchauffer mon dos et mes ailes. Une belle journée commençait, une belle journée qui me verrait retrouver mon vrai corps à moi !
Je m'élevai brusquement dans les airs comme une fusée et entrepris un petit voyage de reconnaissance.
J'entendis alors le grincement familier de la porte arrière de ma maison.
– Au revoir, chérie, lança mon père en sortant. Dis aux enfants que je rentrerai tôt ce soir.
Haletant, je m'élançai et pénétrai dans la cuisine juste avant que la porte se referme.
Je me posai sur le buffet, tout frétillant de bonheur, embrassant du regard le décor familier. Que c'était bon d'être de retour à la maison, loin de l'obscurité poisseuse de la ruche ! Ma maison était si jolie, et je ne m'en étais jamais rendu compte.
Tap, tap, tap. Un bruit de pas. Quelqu'un venait.
Je m'envolai au sommet de l'embrasure de la fenêtre pour mieux voir.

Ma sœur ! Peut-être arriverai-je à me faire entendre d'elle ?

– Véro, Véro ! criai-je. Là-haut, sur le rebord de la fenêtre, c'est moi, Greg !

Elle leva la tête, regardant dans ma direction.

– Oui, Véro ! m'exclamai-je, fou d'excitation. Oui, c'est moi, c'est bien moi !

– Allons bon ! grommela ma sœur. Une des satanées bestioles de monsieur Anvers a encore réussi à se faufiler ici !

Ce n'était pas tout à fait la réaction que j'attendais, mais au moins, ma sœur m'avait remarqué. Si je réussissais à me poser sur son épaule et à lui parler à l'oreille, peut-être me comprendrait-elle !

Tout frémissant d'espoir, je pris de nouveau mon vol et vins tourner au-dessus de sa tête :

– Véro, bourdonnai-je, il faut que tu m'écoutes !

– Aïe !

Elle poussa un cri si aigu que toutes les vitres en tremblèrent.

– Va-t'en de là, sale bête !

Elle agitait les mains dans tous les sens pour me chasser.

– Ouille ! soufflai-je, alors qu'elle me frappait violemment.

Je m'abattis, à demi assommé, sur le bord de l'évier. Je n'eus que le temps de la voir saisir une tapette à mouches dans le placard à balais.

– Non, Véro, hurlai-je, non, pas ça ! Tu ne peux pas faire ça à ton propre frère !

Véro était redoutable, armée d'une tapette, je le savais. C'était la championne de la famille. Elle ratait rarement son coup.

Affolé, je voletais maladroitement d'un côté et de l'autre tandis que, dans une sorte de brouillard, je voyais la forme menaçante de la tapette s'élever et s'abattre, s'abattre, s'abattre encore.

18

– Arrête, Véro ! criai-je de toutes mes forces. Arrête, tu vas m'écraser !

J'étais fou de colère. Ma sœur n'était donc rien d'autre que cette créature sanguinaire ? Ne pouvait-elle simplement ouvrir la fenêtre et me laisser m'envoler ?

Bourdonnant faiblement, je me mis à zigzaguer à travers la cuisine, me cognant aux murs et aux étagères. Puis je m'élançai hors de la cuisine et survolai rageusement les escaliers, me dirigeant droit vers ma chambre. Puisque ma sœur ne voulait rien faire pour moi, j'allais obliger quelqu'un d'autre à m'aider : l'autre Gregory.

Il y avait entre le bas de la porte et le plancher un espace suffisant pour qu'une petite abeille puisse s'y glisser, je le savais. De mon lit, le soir, quand j'avais éteint la lumière, j'aimais y apercevoir la rassurante lumière du couloir.

J'entrai. Le soleil traversait les volets, mais David-

Gregory dormait profondément. De le voir comme ça, si détendu, si visiblement chez lui, dans mon lit, me rendit encore plus furieux.

– Réveille-toi, limace ! bourdonnai-je à son oreille.

Il ne bougea pas. Il dormait la bouche ouverte, ce qui lui donnait un air passablement idiot. Ma bouche à moi ne bâillait sûrement pas comme ça quand je dormais !

Je décidai de passer à l'attaque. J'atterris sur son front et lui marchai sur la figure avec application. Mes petites pattes d'insecte qui le chatouillaient finiraient bien par le réveiller.

Il dormait toujours.

J'escaladai l'une de ses narines sans que ça le fasse le moins du monde réagir.

– Non, mais quelle épave ! Qu'est-ce qu'il a bien pu fabriquer avec mon corps, pour avoir le sommeil aussi profond ?

Furieux, je remontai le long de son nez, longeai la lisière des cheveux et vins bourdonner de toutes mes forces dans le creux de son oreille :

Bzzzzzz !

Aussi incroyable que cela paraisse, il ne fit pas un mouvement.

C'était bien ma chance. David Wolf était aussi le champion des dormeurs !

Découragé, j'abandonnai. Je me mis à voleter à travers ma vieille chambre, redécouvrant mon lit, mon armoire, mon ordinateur.

Mon ordinateur !

Une idée fulgurante venait de me traverser l'esprit. Si je réussissais à inscrire un message sur l'écran, je pourrais faire savoir à mes parents ce qui m'était arrivé !

Je m'approchai, tout bourdonnant d'excitation. Ouf, il était branché ! Quelle chance !

Mais aurai-je assez de forces pour appuyer sur les touches ?

L'écran bleuté semblait me souhaiter la bienvenue. Tout frémissant d'espoir, je me posai sur le clavier et me mis à sauter sur les lettres.

Oui ! J'étais assez lourd ! Les touches fonctionnaient !

Je fis une pause, le temps de reprendre mon calme. Qu'allai-je taper ? Quel message inscrire sur l'écran ?

Tandis que je réfléchissais, j'entendis David-Gregory remuer derrière moi dans le lit. Il émit un grognement. Il allait se réveiller.

– Vite, me dis-je, tape quelque chose, n'importe quoi ! Comme ça il verra le message dès qu'il se lèvera.

Je me mis à sauter d'une lettre à l'autre, épelant mon appel au secours. C'était épuisant, et mes yeux d'abeille n'étaient pas vraiment appropriés pour ce travail. Au bout de quelques instants, je n'en pouvais plus. Mais quand David-Gregory s'assit dans son lit en s'étirant, j'avais réussi à taper mon message.

Voletant devant l'écran, je tentai de déchiffrer ce que j'avais écrit :

JE NE SUIS PAS UNE ABEILLE, JE SUIS GREG. AU SECPURS !

Malgré ma vision brouillée, je m'aperçus que j'avais tapé un P à la place du O.

Je voulus retourner au clavier pour faire la correction, mais je n'en pouvais plus.

Comprendrait-il ?

S'il lisait cette phrase et me voyait perché sur le bord de l'ordinateur, comprendrait-il ?

Oui, David Wolf qui habitait maintenant le corps de Gregory Dunoy comprendrait.

Je me dépêchai de grimper au sommet de l'ordinateur pendant que l'autre sortait du lit.

Il s'avança. Je le regardais avidement. Il se passa les doigts dans les cheveux, bâilla, s'étira encore.

– Par ici, David ! appelai-je. Approche de l'ordinateur ! Approche, s'il te plaît, David !

Il ramassa un jean qui traînait par terre et l'enfila, puis fit de même avec une chemisette froissée.

– David, je t'en prie, suppliai-je en sautillant d'impatience. Lis ce qu'il y a sur l'écran, je t'en prie !

19

Allait-il enfin se décider à lire ?

Oui ! Se frottant les yeux, il s'approcha d'un pas traînant.

Oui ! Oui ! Je crus exploser de joie quand je le vis se pencher sur l'écran.

– Vas-y, David, lis, lis !

Il s'approcha un peu plus, et eut un drôle de petit rire.

– Est-ce que j'ai tapé quelque chose, hier soir ? murmura-t-il, songeur. Ma parole, je devais être à côté de mes pompes !

Et se penchant, il éteignit l'ordinateur, puis il sortit de la chambre.

Comme assommé, je me laissai tomber sur le bureau, à côté du clavier.

Tout ce travail pour rien ! À se demander si ce faux Gregory savait lire !

« Il faut que je lui parle », décidai-je. Il me fallait trouver coûte que coûte un moyen de communiquer avec lui.

Je pris aussitôt mon envol et le suivis jusqu'à la cuisine, puis je sortis en même temps que lui par la porte du jardin. Pendant qu'il traversait la pelouse à grandes enjambées, je ne cessai de bourdonner autour de sa tête. Mais il ne me prêta pas la moindre attention.

Il ouvrit la porte du garage et je le vis entrer pour prendre ma vieille planche à roulettes. Je n'avais pas utilisé cette planche depuis deux ans. C'était un cadeau de mon oncle pour mon dixième anniversaire et j'avais failli me casser une jambe dès ma première tentative. Après quoi, j'avais refusé catégoriquement de remonter dessus.

– Laisse ce truc, tentai-je de crier aux oreilles de David-Gregory, c'est dangereux ! Tu vas me casser quelque chose et je tiens à retrouver mon corps intact !

Évidemment, David-Gregory ne tint aucun compte de mes avertissements.

Il emporta la planche devant la maison et la posa sur le trottoir.

Quelques minutes plus tard, Kathy et Lisa apparaissaient au coin de la rue. Je m'attendais à les voir pouffer et se moquer de l'autre moi, comme à l'ordinaire. Mais à ma totale stupéfaction, je vis Lisa rejeter ses boucles en arrière d'un petit geste coquet :

– Salut, Greg, lança-t-elle. J'espère qu'on n'est pas en retard ?

Le soi-disant Greg la gratifia d'un large sourire :

– Pas du tout, répondit-il avec ma voix. On va au terrain de jeux ? On aura plus de place, pour votre première leçon de planche.

Je n'en crus pas mes oreilles. Une leçon de planche ? Au terrain de jeux ? Qu'est-ce que c'était que cette histoire ?

– Tu ne nous en voudras pas, hein, Greg, reprit Lisa. Mais on a raconté aux copains que tu étais un vrai champion. D'abord, ils ne voulaient pas nous croire. Mais maintenant il y en a quelques-uns qui aimeraient bien que tu leur donnes des leçons, à eux aussi.

– Pas de problème, les filles, l'interrompit le faux Greg. Allez, on y va !

Il sauta sur la planche et se mit à rouler sur le trottoir avec l'aisance d'un champion, Kathy et Lisa le suivant au petit trot.

J'étais sidéré. Il me fallut plusieurs secondes pour reprendre mes esprits et décider de les suivre. Finalement, je m'élançai derrière eux sans cesser de marmonner : « Incroyable ! Grégo-le-Zéro prof de planche à roulettes ! On aura vraiment tout vu ! »

Quelques minutes plus tard, nous étions au terrain de jeux. Un petit groupe d'« élèves » attendait déjà le faux Gregory qui se mit aussitôt à leur faire une démonstration en commentant tous ses mouvements. Je vins de nouveau bourdonner autour de sa tête en lui criant à l'oreille :

– David ! David Wolf ! C'est moi, Greg, le vrai Gregory Dunoy !

Il m'écarta d'un geste machinal.

Je revins à la charge, et cette fois, le choc de sa main me jeta à terre.
Alors j'abandonnai. David Wolf, j'en étais sûr maintenant, ne me serait d'aucune utilité. Madame Hudson restait mon seul espoir. D'ailleurs, elle était la seule à savoir faire fonctionner ses appareils. Elle seule pouvait redresser la situation.
Je volai vers un arbre pour m'orienter.
Quand on est un insecte, on ne voit pas les choses de la même façon. Ce qui paraît tout petit à un être humain est immense aux yeux d'une abeille. Aussi, je voulais être bien sûr de mes repères et ne pas risquer de m'envoler dans une mauvaise direction. Perché au bord d'une large feuille, j'observai attentivement les environs, jusqu'à ce que j'aie déterminé de quel côté me diriger.
Au moment où j'allais reprendre mon vol, une grande ombre me recouvrit soudainement. Je crus d'abord que c'était un oiseau, puis constatai que c'était une simple libellule.
« Bon, me dis-je, pas de panique. Les petites bêtes ne se mangent pas entre elles ! » Mais ça, personne, apparemment, ne l'avait expliqué à la libellule ! Avant que j'aie pu faire le moindre mouvement, elle avait fondu sur moi et m'avait planté ses dents au milieu du corps.

J'émis un long hurlement et m'apprêtai à sombrer dans le néant.
Il me fallut plusieurs secondes pour réaliser que la libellule n'avait fait que me frôler avant de disparaitre entre les branches. Une libellule avec des dents ! C'était sans doute la fatigue qui me donnait des hallucinations !
Je me détendis, heureux de constater que j'étais toujours entier, et décidai d'utiliser les forces qui me restaient pour filer tout droit au bureau des Échanges.
Je m'élevai prudemment dans les airs, surveillant du coin de l'œil la circulation des libellules et autres bestioles ailées.
Après un vol interminable, je dépassai enfin, à l'angle d'une rue, le panneau indiquant la rue des Rochers. J'étais arrivé.
Je poursuivis ma route jusqu'à l'immeuble qui abri-

tait le bureau des Échanges et me posai sur une aspérité du mur, essayant d'imaginer un moyen d'entrer. Par chance, pendant que je me reposai sur le ciment tiède, le facteur apparut au bout de la rue. Je décollai aussitôt du mur pour bien examiner l'entrée de l'immeuble.

Il y avait une fente pour les lettres au milieu de la porte. Exactement ce que j'espérais !

Je me posai sur le bouton de porte, guettant le moment propice. Le facteur approchait d'un pas tranquille, s'arrêtant devant chaque maison pour déposer le courrier.

– Plus vite ! lui criai-je, bien qu'il ne puisse pas m'entendre. Je n'ai pas que ça à faire, moi !

Enfin il s'arrêta devant l'immeuble, fouilla dans sa sacoche et en tira un paquet de lettres. Puis tranquillement, il poussa le petit volet de cuivre qui fermait la fente.

C'était l'instant que j'attendais.

Sans laisser au facteur le temps de réagir, je passai en trombe sous son nez et me glissai par la fente. Je l'entendis pousser un petit cri de surprise. Mais cette fois, la chance était avec moi. J'avais été si rapide qu'il n'avait pas eu le temps de me chasser.

Comme je filai vers l'escalier, je constatai que ma chance continuait. J'atteignis l'étage au moment précis où la porte du bureau s'ouvrait, laissant passer une fille à peu près de mon âge, aux longs cheveux roux et au visage pensif. Cette jolie fille avait-elle l'intention de changer de corps, elle aussi ?

– Rentre chez toi, lui lançai-je de toutes mes forces. Et ne remets jamais les pieds ici !

Elle ne tourna même pas la tête. Mais pendant qu'elle refermait la porte, je pénétrai en bourdonnant dans le bureau.

Je traversai la salle d'attente et vis madame Hudson, assise sur le même siège où elle se tenait lors de notre première rencontre. Je m'élançai vers elle et heurtai violemment une surface dure. Avec un vrombissement de douleur, je tombai à terre, à moitié assommé. J'avais complètement oublié la paroi de verre qui séparait madame Hudson de ses clients et j'avais foncé droit devant moi comme la bestiole sans cervelle que j'étais !

Je me remis sur mes pattes, reprenant lentement mes esprits.

– Madame Hudson, appelai-je, madame Hudson, c'est moi, Gregory Dunoy. Regardez ce qui m'est arrivé ! Pouvez-vous m'aider ? S'il vous plaît, aidez-moi !

21

Madame Hudson ne leva même pas la tête de ses dossiers.

Une fois de plus, je devais me rendre à l'évidence, personne n'entendait ma ridicule voix d'insecte.

Découragé, je me laissai tomber sur le siège d'un fauteuil et m'y roulai en boule. J'avais fait tout ce chemin pour rien. La seule personne au monde capable de m'aider était en face de moi, et je ne pouvais pas me faire comprendre d'elle !

– J'abandonne, murmurai-je tristement. C'est sans espoir. Il faut que je me fasse à l'idée de rester une abeille toute ma vie !

Jamais je ne m'étais senti aussi misérable. J'aurais voulu que quelqu'un m'écrase en s'asseyant sur ce fauteuil et que tout soit fini.

Un bruit bizarre me tira de ces sinistres pensées. Je relevai la tête et écoutai.

– Hmmm pffff, hmmm pffff.
On aurait dit une respiration. Mais d'où cela venait-il ? Ce bruit était si fort !
Je m'envolai à nouveau et dus faire plusieurs fois le tour de la pièce avant d'en comprendre l'origine : madame Hudson s'était penchée pour ramasser des papiers qu'elle avait laissé tomber. Son nez et sa bouche n'étaient qu'à quelques centimètres du bord du bureau. Et le micro dont elle se servait pour communiquer avec les clients renvoyait le bruit amplifié de sa respiration.
Une idée lumineuse jaillit alors dans mon cerveau. Si j'arrivais à m'introduire de l'autre côté de la vitre, je pourrai me faire entendre de madame Hudson en utilisant le micro !
Aussitôt je m'envolai vers le plafond et longeai la paroi de verre. Rien à faire, pas le moindre interstice par où me faufiler.
Je redescendis à mi-hauteur. Mais oui, il y avait une fente ! Je me souvins soudain de l'album de photos. Madame Hudson me l'avait passé lors de ma première visite par une fente étroite, mais dix fois assez large pour laisser passer mon petit corps rond d'abeille !
Je m'y glissai et vins me poser sur le micro.
Approchant ma bouche le plus possible de la boule de métal, j'appelai de toutes mes forces :
– Madame Hudson ! Madame Hudson !
Elle sursauta, parcourut d'un regard incrédule la salle d'attente vide.

J'articulai de mon mieux :
– C'est moi, Gregory Dunoy ! Je suis là, posé sur votre micro !
Fixant le micro d'un œil affolé, elle balbutia :
– Qu'est-ce que ça veut dire ? C'est une blague ou quoi ?
– Non ! Ce n'est pas une blague. C'est vraiment moi, Gregory !
– Mais... mais... bégayait-elle, incapable de trouver ses mots.
Puis elle s'exclama :
– Comment faites-vous ça ?
Son souffle manqua de me jeter à terre.
– Ce n'est pas la peine de crier, dis-je en me cramponnant au micro de toutes mes pattes. Je vous entends parfaitement.
– Je... je ne peux pas y croire ! bredouilla-t-elle, la voix tremblante et les yeux agrandis de stupéfaction.
Je sentis la colère m'envahir comme une houle.
– C'est votre faute, lui lançai-je, hargneux. Vous avez complètement raté l'opération de transfert. Quand vous avez mis le contact, une abeille venue de chez le voisin a dû s'introduire dans votre machine. Au lieu de me transférer dans le corps de David Wolf, vous m'avez envoyé dans celui d'un de ces sales insectes !
– Mais voilà qui explique tout ! s'écria madame Hudson en se frappant le front. Voilà donc pourquoi le... euh, le corps de David Wolf se conduit de si étrange façon !

Elle ramassa quelques papiers sur son bureau et les fourra dans sa serviette :
– Je suis vraiment désolée, Gregory, dit-elle. Je vous prie d'accepter mes excuses. Jamais une chose pareille ne s'était produite, jamais ! J'espère... j'espère au moins que c'est pour vous une expérience intéressante !
– Une expérience intéressante ? répétai-je, suffoqué. C'est un cauchemar, voilà ce que c'est ! Vous imaginez l'effet que ça fait d'être attaqué par une libellule, emprisonné entre les griffes d'un chat, assommé par une porte, enfermé dans une ruche ? Vous-même, vous avez manqué de m'écraser sous les pneus de votre voiture ! Vous étiez donc si pressée que vous n'ayez même pas attendu de voir si votre manœuvre avait bien fonctionné ?
L'indignation me faisait presque perdre le souffle.
– Ooooh, gémit-elle, toute pâle, je suis désolée, vraiment désolée. Je ne pensais pas...
– Bon, ça va, fis-je, impatienté. Et maintenant ?
– Maintenant quoi ?
– Maintenant, comment allez-vous me rendre mon véritable corps ? Il faut le faire, tout de suite !
Madame Hudson se racla la gorge :
– Je... hmm... Je peux le faire, bien sûr, répondit-elle d'un ton hésitant. Normalement, ce devrait être possible, oui, tout à fait possible. Mais dans votre cas, il y a... euh... un léger problème.
– Ah oui ? Quel sorte de problème ?
– C'est David Wolf, reprit-elle. Il se sent très à son

aise dans votre corps, et il se plaît beaucoup dans votre maison, beaucoup. Il aime vos parents, il aime aussi votre sœur Véronique.

– Et alors ! m'écriai-je. Qu'est-ce que vous voulez que ça me fasse ?

Madame Hudson repoussa son fauteuil pour se lever :

– Cela veut dire que David Wolf refuse de quitter votre corps. Il refuse de retourner à son ancienne vie. Il souhaite garder votre corps. Définitivement.

22

– Quoi ?

Je fis un bond en l'air et retombai furieusement sur le micro.

– Je viens de vous l'expliquer, reprit madame Hudson. David Wolf veut garder votre corps. C'est très ennuyeux, mais...

– Mais il ne peut pas faire ça ! Il n'a pas le droit !

– Oui, enfin non, c'est très ennuyeux, je le reconnais, admit madame Hudson en se mordillant la lèvre d'un air embarrassé. Ce ne sont pas les termes de notre accord initial. Mais s'il refuse de vous rendre votre corps et votre vie, je ne peux malheureusement rien faire pour vous.

Madame Hudson me regardait avec une sorte de compassion indifférente.

– Je suis vraiment navré, Gregory, dit-elle poliment. Je serai plus prudente à l'avenir.

– Et mon avenir à moi, éclatai-je, vous y avez pensé ?

Qu'est-ce que je vais devenir, moi, maintenant ?
– Je ne sais pas. Peut-être pourriez-vous retourner à la ruche ? Attendre là-bas quelque temps ? David Wolf changera peut-être d'avis !
– Retourner à la ruche ? Vous vous rendez compte de ce que vous dites ? Vous voulez que j'aille vivre dans le noir, avec ces horribles bestioles, en supportant jour et nuit leur perpétuel bourdonnement ?
Mes antennes en frémissaient de rage.
– Ça ne durera peut-être pas longtemps, dit timidement madame Hudson. C'est juste en attendant.
– Il n'en est pas question ! m'exclamai-je, hors de moi. Je ne retournerai jamais là-bas, vous entendez, jamais !
– Mais alors c'est tragique, tragique ! s'écria madame Hudson. Je vais réfléchir à votre cas Gregory, je vous le promets. Je trouverai peut-être une solution.
Elle se leva en murmurant :
– Quelle affaire, mon Dieu, quelle affaire !
Elle ouvrit une porte et sortit en la claquant derrière elle.
– Hé, attendez !
Trop tard, j'étais de nouveau enfermé ! Tout bourdonnant de colère, je me laissai retomber sur le bureau. Madame Hudson était si perturbée qu'elle m'avait carrément oublié.
Je voulus m'élancer vers la porte. Mais en survolant le bureau, j'aperçus au sommet d'une pile de documents le questionnaire rempli par David Wolf, avec

son adresse en haut de la page : 27, avenue du Bois. Je connaissais cette avenue. La boutique d'informatique où je me rendais souvent était juste au coin. L'ancien David Wolf aurait peut-être une idée pour m'aider à récupérer mon véritable corps ? En tout cas, ça valait la peine d'essayer.

Je me glissai de nouveau par la fente dans la paroi de verre et fis le tour de la salle d'attente. Pas la moindre issue. Une fois de plus, j'étais pris au piège. Je voletai dans tous les sens, bourdonnant d'inquiétude. Puis je repassai de l'autre côté de la paroi de verre. J'explorai le bureau. La fenêtre était hermétiquement close. En passant devant un calendrier accroché au mur, j'aperçus la date :

– Oh non, m'écriai-je, on est vendredi ! Madame Hudson ne reviendra travailler que lundi matin ! Je vais être coincé ici pendant deux jours ! Mais dans deux jours, je serai mort de faim !

Il me fallait absolument sortir. Au fond du bureau, je remarquai alors une autre porte. Elle était entrouverte. Je me faufilai et pénétrai dans un petit cabinet de toilette éclairé par une lucarne. La lucarne était fermée. Mais non, pas complètement !

Il y avait un espace minuscule, juste de la taille d'une abeille ! Hourra !

Je retrouvai avec jubilation l'air frais du dehors et pris aussitôt la direction de l'avenue du Bois. Par chance, ce n'était pas trop loin.

Je n'eus aucun mal à trouver la maison de David Wolf.

Dès mon arrivée, j'aperçus David en personne, debout dans la cour. C'était bien lui, le garçon que j'avais vu sur la photo dans l'album.
– Hé ! appelai-je, hé, David !
Le grand gars musclé tourna la tête et me regarda. Sa bouche remua. Il semblait vouloir dire quelque chose, mais je ne comprenais pas un traître mot. Tout ce que j'entendais était une sorte de marmonnement.
– Je suis Gregory Dunoy, criai-je de toutes les forces de ma petite voix. Peux-tu m'aider à faire sortir David Wolf de mon corps ?
Le garçon me regarda, puis il sourit. Décontenancé, je me demandai pourquoi il souriait comme ça.
– Hé ! repris-je, tu m'entends ?
Il fit un geste de la main.
– Tu me demandes de te suivre, c'est ça ? demandai-je, plein d'espoir.
Le garçon me conduisit dans le fond du jardin.
– Hmm, fit-il, hmm !
Il désignait une touffe de marguerites et il souriait. Puis je le vis plonger son nez dans une fleur en répétant :
– Hmm, hmmm !
En un éclair, je compris tout. J'étais entré dans le corps de l'abeille pendant que l'esprit de l'abeille s'installait dans le corps de David ! Dans ce grand corps musclé, il n'y avait maintenant qu'une petite cervelle d'insecte !
Le garçon avait relevé la tête et le bout de son nez était jaune de pollen. Il avait l'air étonné et déçu.

Bien sûr ! Il lui manquait sa longue trompe aspirante.
– Tu ne peux pas m'aider, soupirai-je. Ta situation est encore pire que la mienne !
– Hmm, reprit-il, hmm ?
Il avait l'air un peu idiot, avec son bout de nez jaune. Mais je me sentais plein de compassion pour lui. Je savais exactement ce qu'il ressentait.
– Je vais trouver un moyen, lui promis-je. Si je retrouve mon corps à moi, toi, tu vas sans doute retrouver le tien !
Avec un sourd bourdonnement, je m'envolai hors du jardin des Wolf. Il me sembla entendre David bourdonner derrière moi. Mais en me retournant, je vis qu'il avait de nouveau plongé son nez dans les fleurs et je lui souhaitai de tout mon cœur d'arriver à aspirer un peu de pollen.
J'avais décidé de retourner chez moi et de forcer David Wolf à me rendre mon corps, d'une façon ou d'une autre.
Comme je remontai ma rue, j'entendis soudain une voix familière :
– Laisse tomber, mon vieux, laisse tomber, quoi !
C'était la voix de Ted, l'un des trois gorilles. Mais à qui pouvait-il bien parler ?
Je contournai un arbre qui me bouchait la vue et découvris avec stupéfaction que Ted « me » parlait, à moi ! Ou plus exactement, il parlait à David, qui occupait mon corps. Bien sûr, Ted était flanqué de ses deux acolytes, Jack et Freddy.
« Fais gaffe, David, pensai-je. Va-t'en ! Cours ! Ne

les laisse pas me démolir encore une fois, s'il te plaît ! »
Mais c'était trop tard. David s'apprêtait à recevoir la raclée de sa vie !

23

– Fiche le camp, David, lui criai-je en voletant autour de sa tête. Tire-toi d'ici, vite !

Alors je constatai avec stupéfaction que les trois affreux n'avançaient pas vers David. Ils reculaient !

– Laisse tomber, vieux, répéta Ted. C'était juste pour rigoler !

– On s'excuse, on t'a dit ! geignit Freddy. C'est pas la peine de cogner !

À demi caché derrière eux, Jack essuyait son nez ensanglanté d'un air piteux.

– Allez donc voir ailleurs si j'y suis, bande de nuls ! leur lança le faux Gregory.

– Ça va, ça va ! cria Ted. On arrête la bagarre, O.K. ?

Je n'en croyais pas mes yeux ! Ted, Jack et Freddy avaient peur de « moi » !

Ce spectacle me mit dans un tel état d'allégresse que je décidai d'en profiter un peu. Je descendis en vrille

et atterris sur le nez de Jack en émettant un vrombissement des plus inquiétants.
– Aaaah ! s'écria-t-il, frappant son nez déjà bien mal en point.
Mais je bourdonnais déjà dans l'oreille de Freddy qui recula avec un petit cri aigu et vint s'empêtrer dans un buisson d'épineux. Puis je décrivis des cercles menaçants autour de la tête de Ted. Il se mit à gesticuler de façon si comique que je fus pris d'un fou rire à m'en décoller les antennes. C'était la première fois que je m'amusais, depuis que j'étais une abeille !
Je regardai les trois gorilles détaler avec une intense jubilation. Puis je repris mon vol vers ma maison.
Le faux Gregory avait laissé la fenêtre ouverte et je m'engouffrai dans ma chambre au moment où il y entrait lui aussi, une tartine de confiture à la main. Il prit une de mes revues de bandes dessinées et se laissa tomber sur mon lit.
L'odeur de la confiture était délicieuse et je sentis à nouveau la faim me tenailler. Mais pour l'instant, j'avais plus urgent à faire qu'à m'inquiéter de mon déjeuner. Je traversai la chambre pour me poser sur l'oreille du garçon.
– Hé, David, David Wolf, criai-je de toutes les forces de ma petite voix, il faut que je te parle !
D'un petit geste machinal, il m'envoya bouler sur la couverture.
Avec obstination, je revins me poser au même endroit :

– Hé ! toi ! Je veux retrouver mon corps ! Tu dois me le rendre, tu entends ?
Cette fois, il leva sa revue et me balaya si brusquement que j'atterris sur la moquette.
Je bourdonnai de rage et de frustration. Mais je n'abandonnai pas, pas question ! Je voulais qu'il m'entende, et il m'entendrait !
Je décollai de nouveau et grimpai sur le lobe de son autre oreille :
– Je ne te laisserai pas en paix tant que tu ne m'auras pas rendu mon corps à moi, tu entends ! Hé ! toi, là, qui te prélasses sur mon lit, tu m'entends ?
Il soupira et haussa les épaules :
– Fiche-moi la paix ! J'aimerais bien me reposer cinq minutes, d'accord ?
– Tu... tu m'entends ?
– Ouais, bien sûr, murmura-t-il. Je t'entends parfaitement.
– Tu... ? Parfaitement ?
J'étais si stupéfait que je faillis tomber de son oreille.
– Oui, je sais, ça paraît bizarre, mais je t'entends. Certaines cellules d'abeilles ont dû se mélanger à mes cellules humaines pendant le transfert. J'entends des tas de bruits que je n'entendais pas avant, particulièrement les bruits d'insectes.
– Tes cellules humaines ? Ce sont *mes* cellules, figure-toi ! Et pourquoi tu ne m'as pas répondu avant ?
David haussa les épaules :
– Pas envie !

Je m'efforçais de garder mon calme.
– Assez bavardé, décrétai-je, impatienté. Quand as-tu l'intention de me rendre mon corps ?
– Jamais, répliqua-t-il en reprenant sa bande dessinée. Ton corps me convient parfaitement. Je me demande vraiment pourquoi tu as voulu l'échanger contre celui d'une abeille !
– Mais je n'ai jamais voulu être une abeille, criai-je, hors de moi.
– La vie est chouette ici, continua-t-il. Tes parents sont chouettes, ta sœur est géniale. Même le chat est sympa. Tu n'avais qu'à t'en rendre compte pendant que tu étais encore dans ton propre corps. Maintenant, c'est le mien, il me plaît, je le garde.
– Ce n'est pas *ton* corps, c'est le mien ! Rends-le-moi !
Je me mis à voltiger autour de sa tête en bourdonnant de rage, heurtant son nez, grésillant dans le creux de son oreille, battant des ailes contre ses paupières. Il ne réagissait même pas.
– Ça ne te fait donc rien de m'entendre bourdonner comme ça autour de toi ? lui lançai-je. Si tu es « moi », tu dois avoir peur des abeilles, non ?
Il se mit à rire :
– Tu oublies quelque chose, mon vieux, dit-il. Je ne suis pas « toi ». J'occupe ton corps, c'est tout. Et moi, les abeilles, ça ne me fait ni chaud ni froid. Maintenant, débarrasse le plancher, tu veux. Va bourdonner ailleurs.
La colère et la déception m'envahirent si violem-

ment que je tombai sur le bord du lit, sans forces.
David leva sa bande dessinée d'un geste menaçant :
– Je n'aimerais pas t'écraser, dit-il. Pourtant, je le ferai si tu m'y obliges !
La revue s'abattit sur la couverture, mais je réussis à l'esquiver.
Je m'envolai par la fenêtre et tournai un moment sans but, totalement désemparé.
Finalement, la faim me tira de mes tristes pensées. Je me posai dans le cœur d'un large lis et aspirai avidement son nectar. « C'est bon, me disais-je. Mais j'aimerais mieux une tartine de confiture. »
Qu'allais-je faire, maintenant ? Étais-je donc condamné à rester une abeille pour le reste de mes jours ? Je sortis ma tête du cœur de la fleur et regardai autour de moi.
– Et combien de jours me reste-t-il à vivre ? murmurai-je.
Un passage de mon livre sur les abeilles me revint en mémoire : « La vie d'une abeille est courte. Alors que les reines peuvent résister même à cinq hivers, les ouvrières meurent au bout de quelques semaines. »
Quelques semaines ?
Si je restais dans le corps de cette abeille, je n'avais donc plus que quelques semaines à vivre !
Je me tournai tristement vers ma maison. Le soir tombait et je vis la lumière s'allumer dans ma chambre. Comme j'aurais voulu être là-haut, étendu sur mon lit, attendant tranquillement que maman

m'appelle pour dîner ! Pourquoi, mais pourquoi donc avais-je cru pouvoir vivre plus heureux dans la peau d'un autre ?

À cet instant, j'entendis un bourdonnement. Je me retournai, et je vis une abeille qui se posait sur le lis, aussitôt rejointe par trois autres. Leur bourdonnement me parut particulièrement menaçant.

– Allez-vous-en ! leur criai-je.

Je voulus m'envoler plus loin. Mais avant que j'aie pu décoller, elles m'avaient cerné. J'étais prisonnier.

– Non, non ! criai-je. Ne me ramenez pas à la ruche ! Laissez-moi partir !

Mais à ma grande terreur, je les sentais déjà m'entraîner.

24

Est-ce qu'il existait une police des abeilles ? Me soupçonnaient-elles de m'être échappé de la ruche ? Sans me laisser la moindre chance de discussion, elles m'emportèrent. Elles étaient toute une troupe, maintenant, qui me serrait de tous les côtés, me menaçant de leurs dards.

En passant devant la fenêtre de ma chambre, je criai :

– Au secours !

David-Gregory leva les yeux de sa bande dessinée, il sourit et me fit un petit geste de la main qui signifiait sans le moindre doute : « Au revoir, et bon débarras ! »

J'étais gonflé de colère à en exploser.

Et soudain, une idée me vint. Une idée folle, l'idée de la dernière chance.

Avec un bourdonnement désespéré, je me laissai tomber et réussis à échapper à mes gardiennes. Comme une fusée je me jetai vers la fenêtre ouverte.

Les autres abeilles allaient-elles me suivre ?

Oui ! Elles ne voulaient pas me laisser m'échapper !

Le faux Gregory se redressa quand il me vit surgir dans sa chambre, suivi de ma bourdonnante escorte. Roulant son magazine, il leva la main, prêt à frapper. Je fis le tour de la pièce, les autres me suivant.

– Allez-vous-en ! criait le faux Gregory.

Oui, mon idée pouvait marcher. Mais il me fallait plus d'abeilles, un essaim tout entier !

Je repartis vers l'extérieur, et les abeilles me suivirent. Maintenant, c'était moi qui menais la danse. Aussi vite que possible, je les conduisis jusqu'à l'enclos de monsieur Anvers et me glissai par la minuscule ouverture. L'une après l'autre, mes poursuivantes en firent autant.

J'hésitai un instant au seuil de la ruche. Allais-je vraiment y pénétrer de nouveau ? Mais je savais que je n'avais pas le choix.

« Allez, vas-y, Grégo, me dis-je, si tu veux te prouver au moins à toi-même que tu n'es pas un zéro ! »

Et j'entrai.

Aussitôt, je me mis à voleter de droite et de gauche à l'intérieur de la ruche, bourdonnant follement, heurtant les parois, les rayons de miel, percutant les autres abeilles. En quelques instants, j'avais mis toute la ruche en émoi. Un ronflement s'éleva, s'enfla, devint un rugissement.

Je continuai ma danse frénétique. La ruche tout entière semblait prête à exploser.

Alors je sortis. Et dans la lumière rose du crépuscule, j'entraînai derrière moi, à l'extérieur de l'enclos, un noir nuage d'abeilles.

Je le conduisis vers la fenêtre ouverte.
Dans un rugissement de colère, l'essaim s'engouffra dans ma chambre.
– Hé là ! s'écria David-Gregory, sautant hors du lit.
Sans lui laisser le temps d'ajouter un seul mot, je m'abattis sur sa tête et l'essaim me suivit, s'accrochant à ses cheveux, recouvrant son visage, se répandant sur ses épaules. Il tenta d'appeler au secours. Mais sa voix était étouffée par la masse noire et mouvante de l'essaim.
Je me glissai dans le creux de son oreille et demandai :
– Alors, tu me rends mon corps, maintenant ?
– Jamais ! cria-t-il. Jamais, tu entends ! C'est mon corps, désormais, et je le garde !
Je n'en revenais pas ! Il était couvert d'abeilles, et il refusait de céder ! Je ne savais plus quoi faire.
Les abeilles commençaient à se lasser. Certaines s'étaient posées sur le reste de la tartine de confiture abandonnée sur la table de nuit. Les autres se dirigeaient peu à peu vers la fenêtre ouverte.
Cette fois, j'explosai :
– Tu ne t'en tireras pas comme ça, David !
Et avec un sanglot de rage, je m'abattis sur son nez, enfonçant mon dard profondément dans sa narine.
– Aïe ! cria-t-il, en portant la main à son nez.
Il tituba et se laissa tomber sur le lit.
L'espace d'un instant, je savourai ma victoire. La petite abeille de rien du tout avait jeté à terre le géant humain ! J'étais le plus fort !

Mon exaltation fut de courte durée. Je pris brusquement conscience de ce que je venais de faire. Je me rappelai ce qui arrivait à une abeille quand elle s'était servie de son dard.

– Je vais mourir, murmurai-je, atterré. J'ai piqué David, et maintenant je vais mourir !

25

Déjà je faiblissais. Oui, déjà je sentais mes forces diminuer.

Qu'avais-je fait ? J'avais sacrifié ma vie pour l'inutile satisfaction de piquer David Wolf ! J'étais définitivement le dernier des zéros.

J'essayai de faire bouger mes ailes, je luttai pour tenter de m'envoler.

Je savais bien que j'étais condamné, mais je voulais rester en vie aussi longtemps que je le pourrais. Alors que je sentais mes forces diminuer, je voulais au moins essayer de dire adieu à ma famille.

– Papa, Maman, Véro, bourdonnai-je faiblement, où êtes-vous ?

J'étais fatigué, tellement fatigué.

Je réussis à voler jusqu'à la fenêtre et me laissai tomber dans l'herbe. Il me sembla reconnaître l'ombre du grand érable, la place où j'aimais m'asseoir pour lire et pour guetter monsieur Anvers. Mais je n'y

voyais presque plus et ce n'était sans doute qu'une illusion.
Le monde autour de moi s'estompait peu à peu dans une brume bleuâtre. Puis la brume devint une nuit profonde et noire où je me noyai...

Je m'assis avec difficulté. Le sol, en dessous de moi, vacillait. Où étais-je ?
Dans mon jardin ? Je clignai les paupières, essayant de retrouver une vision plus nette.
– C'est mon érable, m'écriai-je, c'est ma maison ! Et voilà le garage de monsieur Anvers !
J'étais donc vivant ?
Est-ce que j'étais vraiment vivant, posé là, dans mon jardin, dans mon univers familier ? Avais-je retrouvé mes forces ?
Je fis un essai prudent pour m'envoler en agitant doucement mes ailes. Mais rien à faire, je ne décollai pas. Mon corps me paraissait lourd, si lourd.
Je me tâtai.
Mais... mais ? Au lieu de mes six pattes, je constatai que j'avais deux bras et deux jambes, et mon brave vieux corps maigrichon !
Le souffle coupé, je levai les mains pour toucher mon visage. Mes énormes yeux à facettes avaient disparu, ainsi que mes antennes. J'avais des cheveux, mes vrais cheveux, et une douce peau humaine, pas une espèce d'affreuse fourrure !
Je sautai sur mes pieds et hurlai de joie :
– Je suis moi ! Moi !

Je m'entourai la poitrine de mes bras comme pour m'embrasser moi-même. Puis je me mis à danser autour de l'érable en remuant bras et jambes. Tous mes membres étaient en état de marche. C'était tellement merveilleux d'être de nouveau un être humain !

« Comment est-ce arrivé ? me demandai-je. Et qu'est devenu David Wolf ? »

Je frémis en pensant que c'était peut-être son tour d'être emprisonné dans le corps d'une abeille. Mais c'était peu probable.

En tout cas, je ne comprenais pas par quel miracle j'avais retrouvé ma véritable identité. Peut-être était-ce le choc causé par la piqûre qui nous avait renvoyés dans nos corps respectifs ? Peut-être était-ce la mort de l'abeille qui nous avait délivrés de cette malédiction ?

« Il faut que j'appelle madame Hudson, me dis-je. Elle aura peut-être une explication. »

Mais pour l'instant, tout ce que je désirais, c'était retrouver les miens.

Je courus jusqu'à la cuisine et me heurtai de plein fouet contre ma sœur, qui comme d'habitude portait son chat dans ses bras.

– Tu ne peux pas faire attention, espèce d'abruti ! me lança-t-elle.

Elle s'attendait sûrement à ce que je réplique vertement. Mais au lieu de ça, je l'entourai de mes deux bras et lui plantai un gros baiser sur la joue.

– Hé ! ça va pas la tête ! s'exclama-t-elle en

s'essuyant la joue d'un revers de main. Garde tes microbes pour toi, espèce de limace baveuse !
Je ris joyeusement.
– Limace toi-même ! répliquai-je.
Que c'était bon de s'envoyer à nouveau des injures à la figure ! Nous continuâmes sur ce ton quelques instants, puis je grimpai l'escalier quatre à quatre pour voir mes parents que j'entendais discuter en haut.
Je les trouvai debout devant la porte de ma chambre.
– Papa, Maman ! criai-je en me précipitant pour me jeter dans leurs bras.
Mais croyant que je voulais entrer dans ma chambre, papa m'arrêta d'un geste :
– N'ouvre pas ta porte, Gregory, dit-il, un essaim d'abeilles est à l'intérieur !
– Va chercher monsieur Anvers, Greg, ajouta maman. Lui, il saura ce qu'il faut faire.
Je ne pouvais pas me contenir davantage. Je me jetai à son cou et l'embrassai longuement :
– Maman, murmurai-je, tu m'as tellement manqué !
Maman me rendit mon baiser, mais je la vis échanger avec mon père un regard étonné.
– Ça va, Greg ? s'inquiéta-t-elle. Comment ai-je pu te manquer puisque j'étais là toute la journée ?
– Euh... je veux dire...
Je réfléchis à toute vitesse pour trouver une réponse.
– Je veux dire que tu m'as manqué, parce qu'on devrait faire plus de choses ensemble, tu ne trouves pas ?
Elle me posa la main sur le front et murmura :

– Non, il n'a pas de fièvre...
– Allons, Gregory, reprit mon père, va donc vite chercher monsieur Anvers, qu'il fasse sortir ces abeilles de ta chambre, sinon tu ne pourras pas y dormir cette nuit !
– Des abeilles ? dis-je tranquillement. Oh, ce n'est pas un problème, je m'en occupe !
J'allais ouvrir ma porte quand mon père me saisit par le bras :
– Gregory, s'écria-t-il, visiblement troublé, qu'est-ce qu'il t'arrive ? Ce sont des abeilles, Gregory, des abeilles ! Tu sais bien que tu as peur des abeilles !
Je le regardai, étonné, réfléchissant à ce qu'il venait de dire. Je réalisai soudain que je n'avais plus la moindre frayeur vis-à-vis des abeilles, plus peur du tout, fini ! Et même, j'avais très envie de les regarder de près.
– Ne t'en fais pas, Papa, dis-je. J'ai pas mal grandi, ces derniers temps, tu sais. Je n'ai plus peur !
J'ouvris la porte et entrai dans ma chambre.
Évidemment, il y avait encore une bonne partie de l'essaim, agglutinée autour de la tartine de confiture abandonnée.
– Salut, les copines, leur lançai-je gaiement. C'est l'heure de rentrer à la maison !
J'agitai les mains au-dessus d'elles pour les chasser. Elles se mirent à bourdonner de colère. Cela me fit rire. Je pris la tartine de confiture et la lançai par la fenêtre.
– Allez voir là-bas si j'y suis ! dis-je en les chassant

doucement vers l'extérieur. Au revoir ! Et prenez bien soin de vos rayons de miel ! Un de ces jours, je vous ferai une petite visite !

Quand la dernière abeille eut quitté les lieux, je me tournai vers mes parents, immobiles devant la porte, qui me fixaient avec des yeux stupéfaits.

– Papa ? dis-je. Maman ?

Papa battit des paupières comme s'il se réveillait. Il vint vers moi et me prit par les épaules :

– Greg, tu es sûr que tu vas bien ?

– Je vais bien, Papa, répondis-je, avec un sourire jusqu'aux oreilles. Je n'ai même jamais été si bien !

Voilà déjà un mois que cette incroyable aventure m'est arrivée.

C'est déjà presque la fin de l'été. Je suis assis à ma place favorite, sous le gros érable, un livre à la main et un sac de chips à côté de moi.

J'aime vraiment cet endroit. Les fleurs sont épanouies et notre jardin est magnifique en ce moment.

J'ai passé ces derniers jours de vacances ici, à me reposer.

Bien sûr, je suis aussi allé au terrain de jeux.

Un jour, j'ai rencontré par hasard la fille rousse que j'avais vue sortir du bureau des Échanges. Nous avons fait un bout de chemin ensemble en bavardant, et je n'ai pas marché sur mes lacets, ni glissé sur une peau de banane, ni rien de ce genre. Elle est vraiment gentille. J'espère qu'elle n'est pas en train de faire des plans pour changer de corps avec qui que ce soit ! Il faudra que je la prévienne.

Malgré tout, je me rends bien compte que ma courte

expérience de vie dans la peau d'une abeille m'a complètement transformé.

D'abord, j'ai appris à apprécier ma propre famille. Mes parents sont vraiment de chouettes parents. Et ma sœur n'est pas mal du tout, pour une sœur.

Et surtout, je ne me laisse plus impressionner par n'importe qui, ni par n'importe quoi.

Hier, j'ai croisé Ted, Jack et Freddy, et je n'ai pas bougé un cil ! Rien qu'à me rappeler comment j'étais venu leur bourdonner sous le nez, ça me donnait envie de rire. Je n'ai plus du tout peur d'eux, et du coup, ils me laissent tranquille. Il est vrai que la raclée qu'ils croient que je leur ai donnée y est sûrement pour quelque chose. Ils n'en sont pas encore revenus !

Je suis tout à fait sûr de moi à vélo, maintenant, et je suis « toujours » excellent en planche à roulettes. On dirait que mon corps se souvient de l'entraînement du faux Gregory. Je continue même de donner des leçons, et Kathy et Lisa ne me quittent pas d'une semelle. Même Louis et Gaël viennent me demander conseil !

Il y a quelques jours, j'ai rencontré David Wolf au terrain de jeux.

D'abord, je n'avais pas du tout envie de lui parler. Mais, finalement, c'est un garçon sympathique. Il s'est excusé.

– Je n'aurais pas dû essayer de te voler ton corps, m'a-t-il dit. Je suis désolé. Mais tu sais, les choses n'ont pas été beaucoup mieux pour moi, en fin de

compte. Avec la pauvre cervelle d'abeille qui s'était installée dans ma tête, mes tests de maths au cours de rattrapage ont été une catastrophe !
On a bien ri tous les deux. Et maintenant, on est copains.
Oui, ma vie est redevenue normale.
Je me sens totalement, merveilleusement normal.
C'est un tel plaisir d'être assis ici, dans mon jardin, à lire tranquillement, à respirer l'air frais et la bonne odeur des fleurs !
Hmmmmmm !
Ces roses trémières sont un vrai délice !
Il faut vraiment que j'aille les respirer de plus près.
Que j'aille les goûter.
Ce n'est pas si difficile d'aspirer le pollen des fleurs !
Il suffit de pointer sa langue, comme ça, en enfonçant son visage dans la corolle, puis d'aspirer tout doucement.
Hmmmmm !
C'est facile, très facile. Et c'est tellement bon !

FIN

EXTRAIT

Et pour avoir encore la
Chair de poule
lis ces quelques pages de

LA MAISON DES MORTS

EXTRAIT

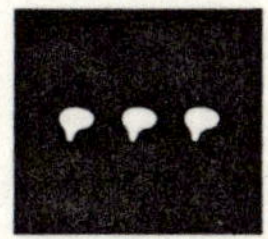

Deux minutes plus tard, nous étions dans le jardin, derrière la maison, appelant Pat. Il nous fit fête, comme toujours, sautant sur nous avec ses pattes pleines de boue, faisant voler les feuilles et jappant joyeusement. Ça me remontait le moral rien que de le regarder.

Il faisait lourd, bien que le ciel fût couvert. Pas un souffle de vent. Les énormes vieux arbres étaient aussi immobiles que des statues. Dans l'allée de gravier, les feuilles mortes craquaient sous nos pas. Pat galopait autour de nous, tantôt en avant, tantôt en arrière. Jimmy remarqua :

– Au moins, papa ne nous a pas demandé de ratisser les feuilles !

– Sois tranquille, il le fera, dis-je. C'est qu'il n'a pas encore déballé les outils de jardin.

Jimmy fit la grimace. Depuis la rue, je jetai un coup d'œil à notre maison et à ces deux fenêtres, de chaque côté du porche, qui nous regardaient comme des yeux.

La maison voisine de la nôtre avait à peu près la même taille, mais elle était en pierre et non en brique. Les rideaux du rez-de-chaussée étaient soigneusement tirés et à l'étage, les volets étaient clos. Là aussi, d'énormes arbres tenaient la maison dans l'ombre.

– Où va-t-on ? demanda Jimmy, lançant un bâton pour que Pat le rapporte.

Je proposai :

– Allons jusqu'à l'école. C'est par là. On verra mieux à quoi elle ressemble.

La rue montait légèrement. Jimmy ramassa une branche pour s'en faire une canne et Pat, trottinant à côté de lui, s'amusait à la mordiller. Il n'y avait personne, ni dans la rue, ni dans les jardins.

Aucune voiture ne passait. Je commençais à me dire que nous étions les seuls habitants ici, quand un garçon jaillit de derrière une haie, si brusquement qu'il nous fit sursauter. Il esquissa un petit signe timide de la main :

– Salut !

– Salut !

Jimmy et moi avions répondu en même temps. Soudain, avant qu'on ait pu le retenir, Pat bondit vers le garçon, reniflant ses baskets et aboyant furieusement. Le garçon recula et leva les mains comme pour se protéger. Il paraissait terrorisé. Je criai :

– Pat ! Tais-toi !

Jimmy le prit dans ses bras, mais notre chien continuait de grogner.

– N'aie pas peur, dis-je, il ne mord pas. D'habitude, il n'aboie pas non plus. Je ne sais pas ce qu'il lui a pris.

– Ce n'est rien, dit le garçon, sans cesser de regarder Pat qui se débattait dans les bras de Jimmy. J'ai sans doute une odeur qui ne lui plaît pas.

J'ordonnai d'une voix ferme :

– Pat, ça suffit ! Sinon, c'est la laisse, compris ?

Le garçon était blond, avec des cheveux courts, ondulés et des yeux très pâles. Il avait un drôle de petit nez retroussé qui ne convenait pas vraiment à son visage sérieux. Il portait une chemise marron à manches longues malgré la chaleur, et un jean noir. Une casquette bleue dépassait d'une de ses poches. Je me présentai :

– Je m'appelle Anna Cork, et voilà mon frère Jimmy.

Jimmy reposa prudemment Pat qui poussa encore quelques jappements avant de s'asseoir sur le trottoir et de s'occuper à se gratter.

– Je m'appelle Éric Welner, dit le garçon, fourrant

ses mains dans ses poches et gardant un œil inquiet sur Pat.
Mais comme notre chien ne s'intéressait plus à lui, il se détendit un peu.
Le visage d'Éric me semblait vaguement familier. Où l'avais-je déjà vu ? Je le regardais attentivement, essayant de me souvenir.
Brusquement, je frissonnai. Le garçon qui était dans ma chambre, c'était lui ! C'était le visage d'Éric que j'avais vu derrière la fenêtre ! Je bégayai :
– Dis donc, tu ne serais pas venu chez nous, par hasard ?
Il eut un air ahuri :
– Quoi ?
J'insistai :
– Tu es venu dans ma chambre, non ?
– Dans ta chambre ? Quand ça ?
Et il se mit à rire. Pat leva la tête et gronda. Puis il continua à se gratter avec application. Je commençai à douter de mes souvenirs. Ce n'était sûrement pas le même garçon.
– Il me semblait t'avoir vu, m'excusai-je.
– Je suis allé dans votre maison, dit Éric, sans quitter Pat des yeux. Mais c'était il y a longtemps.
– Il y a longtemps ?
– Oui, répondit-il. J'ai habité cette maison.
Je le regardai avec étonnement :

– Tu as habité dans notre maison ?
Il hocha la tête :
– Oui, au début, quand nous sommes arrivés ici.
Il ramassa un caillou et le lança. Pat se dressa aussitôt, prêt à courir pour le rattraper. Puis il changea d'avis et se rassit sur le trottoir en remuant son petit bout de queue.
Les nuages qui couraient dans le ciel étaient de plus en plus noirs. Je demandai :
– Où habites-tu maintenant ?
– Par là, dit-il, désignant d'un geste vague le haut de la rue.
– Elle te plaisait, notre maison ? voulut savoir Jimmy.
– Ouais, dit Éric. Elle est jolie et bien à l'ombre.
– Quoi, cria Jimmy, elle te plaisait ? Moi, je la trouve vieille et moche, et tellement sombre que...
Pat l'interrompit. Il s'était remis à aboyer contre Éric qui recula prudemment. Jimmy sortit la laisse de sa poche :
– Désolé, mon chien !
Je dus le tenir pour que Jimmy attache la laisse à son collier, sinon, il se serait élancé sur Éric.
– Je ne comprends pas, bredouillai-je. Il ne fait jamais ça, d'habitude.
Pat sembla très surpris de se retrouver en laisse. Il

tenta de la mordiller. Puis il tira sur son collier pour entraîner Jimmy. Au moins, il avait cessé d'aboyer.
– Qu'est-ce qu'on fait maintenant ? demanda Jimmy.
Il y eut un petit temps de silence. Regardant Éric, mon frère suggéra :
– On pourrait aller chez toi ?
Éric secoua la tête :
– Non. Enfin, je veux dire, pas maintenant.
Je parcourus du regard la rue vide :
– Il n'y a donc personne, ici ? On dirait une ville morte.
Éric eut un petit rire :
– Ouais, on peut dire ça. Si on allait au terrain de sport, derrière l'école ?
– D'accord.
Notre petit groupe se mit en route, Éric ouvrant la marche. Jimmy tenait sa canne d'une main et la laisse de l'autre ; il avait beaucoup de mal à retenir Pat.
C'est alors qu'une dizaine de garçons et quelques filles apparurent au tournant d'une rue. Ils riaient et chahutaient. La plupart avaient à peu près notre âge, quelques-uns paraissaient plus vieux. Ils étaient tous en jean et en T-shirts foncés, sauf une des filles, une blonde avec de longs cheveux raides, qui portait un caleçon vert moulant.
– Eh ! regardez ! cria un grand gars aux cheveux

noirs soigneusement plaqués en nous désignant du doigt.

Ils cessèrent de parler et de chahuter et s'avancèrent vers nous. Je remarquai que certains pouffaient discrètement. Pat se mit à tirer sur sa laisse et à aboyer furieusement. Le grand gars aux cheveux noirs sourit et lança :

– Salut !

Les autres se mirent à rire, comme s'il avait dit quelque chose de particulièrement drôle. La fille au caleçon vert poussa violemment dans le dos un garçon roux qui tomba presque sur moi. Une autre fille, brune avec les cheveux coupés court, sourit à Éric et demanda :

– Ça va ?

– Ça va, dit Éric. Et se tournant vers nous, il expliqua :

– Voilà mes amis. On habite tous dans le même coin.

– Salut, lançai-je, pas très à l'aise.

J'aurais voulu que Pat cesse de sauter et d'aboyer comme ça. Jimmy avait beaucoup de mal à le retenir. Éric désigna le garçon roux :

– Voilà Victor Lamy.

Puis il fit le tour du cercle, nommant chacun :

– Vincent Rodier, Karen Simon, Lucas Reberg...

J'essayais de me rappeler tous les noms, mais, bien sûr, c'était impossible. Une des filles demanda :

– Ça vous plaît, Tombstone ?
– Je ne sais pas encore, répondis-je. C'est notre premier jour ici.
Cette réponse les fit tous rire, je me demandai bien pourquoi.
– Qu'est-ce que c'est comme chien ? demanda Victor Lamy.
– Un terrier blanc, répondit Jimmy tenant la laisse aussi solidement qu'il pouvait.
Victor observait Pat avec une grande attention, à croire qu'il n'avait encore jamais vu de chien.
Karen Simon, une grande fille blonde plutôt jolie, s'approcha de moi, laissant les autres admirer Pat, et elle me glissa à l'oreille :
–Tu sais, j'ai habité ta maison.
– Hein ?
Je n'étais pas sûre d'avoir bien entendu. Éric nous interrompit :
– On va au terrain de sport ?
Personne ne sembla prêter attention à sa proposition.
Soudain, tout le monde se tut. Même Pat avait cessé d'aboyer.
Avais-je bien entendu ce que m'avait dit Karen ? Je voulus lui poser la question, mais elle avait rejoint le cercle.
Le cercle...
Je venais de me rendre compte qu'ils formaient

maintenant un cercle dont Jimmy et moi étions le centre.
Pourquoi avais-je peur ? Qu'est-ce que j'étais encore en train d'imaginer ? Je les regardais, et soudain ils me semblèrent, comment dire... différents. Ils souriaient, mais c'étaient de drôles de sourires. La fille au caleçon vert me dévisageait fixement. Plus personne ne parlait. Un étrange silence s'était installé sur la rue. Seul Pat s'était remis à gronder tout bas. Qu'avaient-ils à nous dévisager comme ça ? Je me tournai vers Éric, mais il ne me rendit pas mon regard. Je lançai :
– Bon, on y va ?
J'avais essayé de paraître naturelle, mais ma voix tremblait.
Jimmy était accroupi, caressant Pat pour le calmer, et il semblait n'avoir rien remarqué d'anormal.
Un des garçons, qui portait un ballon de basket sous le bras, avança d'un pas. Les autres en firent autant. Je sentis la peur m'envahir.
Lentement, ils approchaient. Lentement, le cercle se refermait autour de nous.

Avis aux lecteurs

Vous êtes nombreux à écrire à l'auteur de la série Chair de poule et nous vous en remercions. Pour être sûr que votre courrier arrive, adressez votre correspondance à :

Bayard Éditions
Série Chair de poule
3 / 5, rue Bayard
75008 Paris.

Nous la transmettrons à R. L. Stine.
Et bravo pour votre Passion de lire !

COLLECTION PASSION DE LIRE

R. L. Stine / Série Chair de poule

1 - LA MALÉDICTION DE LA MOMIE

2 - LA NUIT DES PANTINS

3 - DANGEREUSES PHOTOS

4 - PRISONNIERS DU MIROIR

5 - MÉFIEZ-VOUS DES ABEILLES

6 - LA MAISON DES MORTS

7 - BAIGNADE INTERDITE

8 - LE FANTÔME DE LA PLAGE

9 - LES ÉPOUVANTAILS DE MINUIT

10 - BIENVENUE AU CAMP DE LA PEUR

11 - LE MASQUE HANTÉ

12 - LE FANTÔME DE L'AUDITORIUM

Impression réalisée sur CAMERON
par BRODARD ET TAUPIN
La Flèche
en janvier 1996

Imprimé en France
Dépôt légal : Janvier 1996
N° d'Editeur : 2171 – N° d'impression : 1583N-5